Impressum
Verlag: BABADADA GmbH, Nedderfeld 112 , 22529 Hamburg
Geschäftsführer / Verlagsleitung: Harald Hof
Druck: Books on Demand GmbH, In de Tarpen 42, 22848 Norderstedt

Imprint
Publisher: BABADADA GmbH, Nedderfeld 112 , 22529 Hamburg, Germany
Managing Director / Publishing direction: Harald Hof
Print: Books on Demand GmbH, In de Tarpen 42, 22848 Norderstedt

ကျောင်း

escola

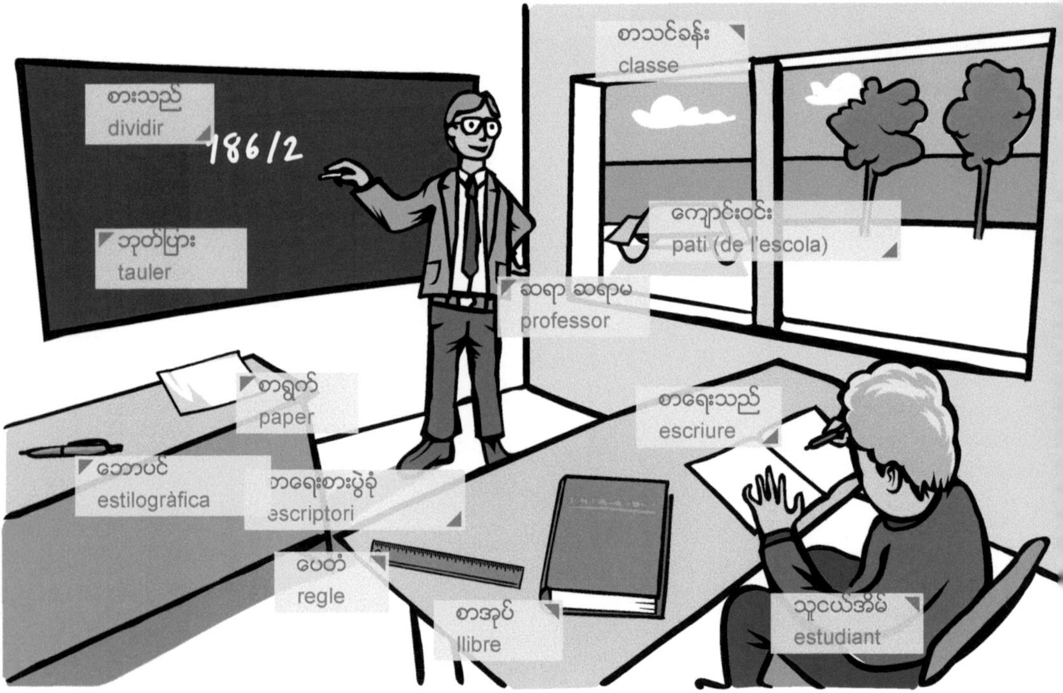

စားသည်
dividir
186/2
ဘုတ်ပြား
tauler
စာသင်ခန်း
classe
ကျောင်းဝင်း
pati (de l'escola)
ဆရာ ဆရာမ
professor
စာရွက်
paper
စာရေးသည်
escriure
ဘောပင်
estilogràfica
စာရေးစားပွဲခုံ
escriptori
ပေတံ
regle
စာအုပ်
llibre
သူငယ်အိမ်
estudiant

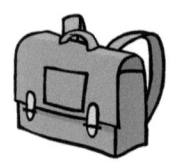

အဖုံးပါ ဘေးလွယ်အိတ်

bossa

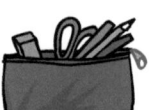

ခဲတံဗူး

estoig

ခဲတံ

llapis

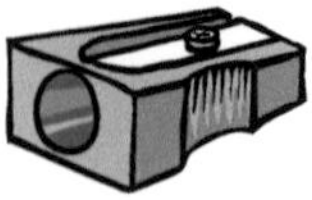

ချွန်စက်

maquineta de fer punta

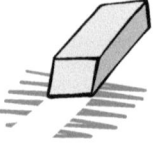

ခဲဖျက်

goma

ပုံဆွဲစာအုပ်

bloc de dibuix

ပုံဆွဲခြင်း

dibuix

ဆေးခြယ်သည့် စုပ်တံ

pinzell

အရောင်စုံ ဗူး

capsa de pintures

ကပ်ကြေး

tisores

ကော်

cola

လေ့ကျင့်ခန်းစာအုပ်

quadern d'exercicis

အိမ်စာ

deures

12

နံပါတ်

nombre

2+2

ပေါင်းသည်

afegir

5−2

နှုတ်သည်

sostreure

2×2

မြှောက်သည်

multiplicar

တွက်ပါ

calcular

A

စာ

lletra

ABCDEFG HIJKLMN OPQRSTU VWXYZ

အက္ခရာ

alfabet

hello

စကားလုံး

mot

ဖတ်စာအုပ်

text

ဖတ်သည်

llegir

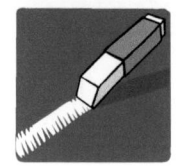

မြေဖြူ

guix

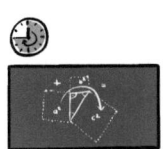

သခန်းစာ

lliçó

ကျောင်းခေါ်ချိန်
မှတ်တမ်းစာအုပ်

llibre de classe

စာမေးပွဲ

examen

အထောက်အထားလက်မှတ်

certificat

ကျောင်းဝတ်စုံ

uniforme escolar

ပညာရေး

formació

စွယ်စုံကျမ်း

enciclopèdia

တက္ကသိုလ်

universitat

အနုကြည့်မှန်ပြောင်း

microscopi

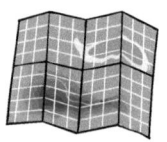

မြေပုံ

mapa

အမှိုက်စက္ကူပုံး

paperera

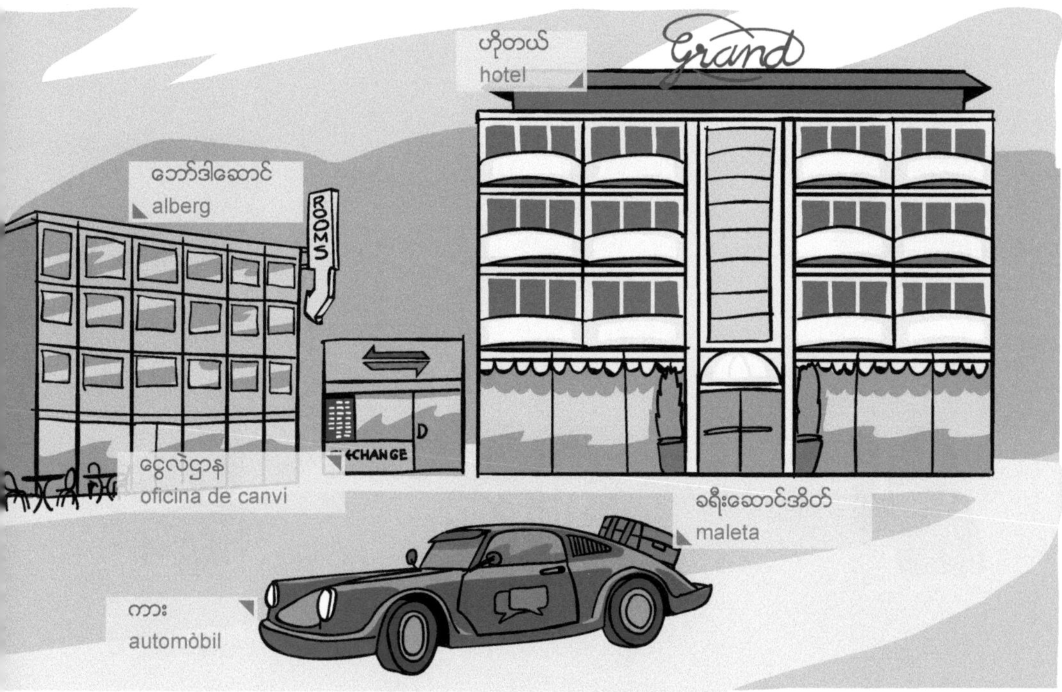

ဟိုတယ်
hotel
Grand
ဘော်ဒါဆောင်
alberg
ROOMS
ငွေလဲဌာန
oficina de canvi
ခရီးဆောင်အိတ်
maleta
ကား
automòbil

ဘာသာစကား

llengua

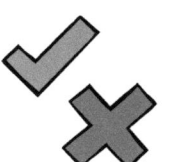

မှန် / မှား

sí / no

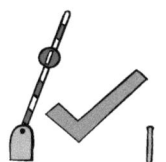

အိုကေ

D'acord

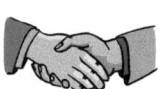

ဟယ်လို

Ey!

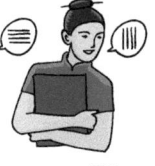

ဘာသာပြန်

traductora

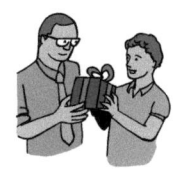

ကျေးဇူးတင်ပါတယ်

gràcies

......က ဘယ်လောက်လဲ။

Quant costa… ?

ကျွန်ပ် နားမလည်ဘူး

No entenc

ပြဿနာ

problema

မင်္ဂလာ ညနေခင်းပါ။

Bona nit!

မင်္ဂလာ နံနက်ခင်းပါ။

bon dia!

မင်္ဂလာ ညပါ။

bona nit!

ဘိုင်းဘိုင်

fins aviat

ဦးတည်ရာ

direcció

ခရီးဆောင်သေတ္တာ

bagatge

အိတ်

bossa

ကျောပိုးအိတ်

sarrona

ဧည့်သည်

convidat

အခန်း

cambra

တစ်ကိုယ်စာအိပ်ယာလိပ်

sac de dormir

ရွက်ထည်တဲ

tenda

ခရီးသွားဧည့်သည်သည်အတွက်
သတင်းအချက်အလက်

oficina de turisme

ကမ်းခြေ

platja

အကြွေးဝယ်ကတ်

carta de crèdit

နံနက်စာ

esmorzar

နေ့လည်စာ

dinar

ညစာ

sopar

လက်မှတ်

bitllet

ဓာတ်လှေကား

ascensor

တံဆိပ်ခေါင်း

segell

နယ်စပ်

frontera

အခွန်များ

duana

သံရုံး

ambaixada

ဗီဇာ

visat

နိုင်ငံကူးလက်မှတ်

passaport

သယ်ယူပို့ဆောင်ရေး
transport

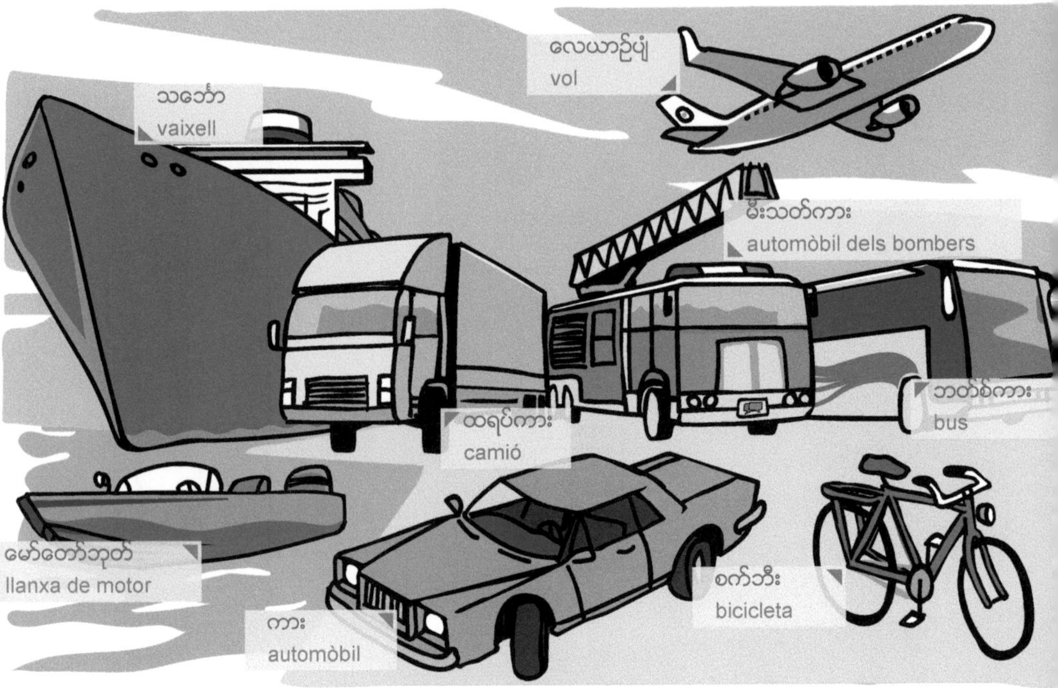
လေယာဉ်ပျံ
vol
သင်္ဘော
vaixell
မီးသတ်ကား
automòbil dels bombers
ဘတ်စ်ကား
bus
ထရပ်ကား
camió
မော်တော်ဘုတ်
llanxa de motor
ကား
automòbil
စက်ဘီး
bicicleta

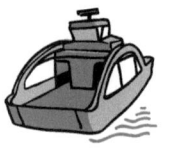

ဖယ်ရီသင်္ဘော

transbordador

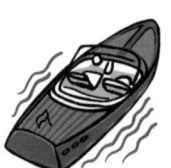

လှေ

barca

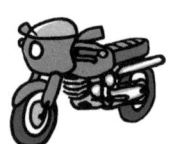

မော်တော်ဆိုက်ကယ်

moto

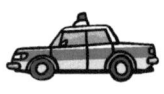

ရဲကား

automòbil de policia

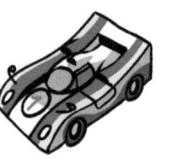

ပြိုင်ကား

automòbil de curses

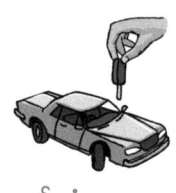

စင်းလုံးငှားကား

automòbil de lloguer

ကားဝေမျှသုံးစွဲခြင်း

vehicle compartit

ပျက်နေသော ထရပ်ကား

grua

အမှိုက်သယ်ယာဉ်

camió de les escombraries

မော်တာ

motor

လောင်စာ

benzina

ဆီဆိုင်

benzineria

လမ်းကြောပြ ဆိုင်းဘုတ်

senyal de trànsit

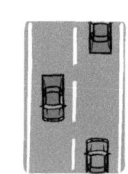

ယာဉ်အသွားအလာ

trànsit

လမ်းကြောပိတ်ဆို့မှု

embús

ကားရပ်နားရာနေရာ

aparcament

ရထားဘူတာရုံ

estació de trens

လမ်းကြောင်းများ

vies

ရထား

tren

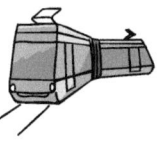

ဓာတ်ရထား

tramvia

ရထားလုံး

vagó

ဟယ်လီကော်ပိတာ

helicòpter

လေဆိပ်

aeroport

တာဝါ

torre

ခရီးသည်

passatger

ထည့်စရာပုံး

contenidor

ကတ်ထူပုံး

capsa de cartó

လှည်း

carretó

ခြင်း

cistella

ထွက်ခွာ / ဆိုက်ရောက်

enlairar-se / aterrar

မြို့တော်

ciutat

ကျေးရွာ

poble

မြို့လယ်ခေါင်

centre de la ciutat

အိမ်

casa

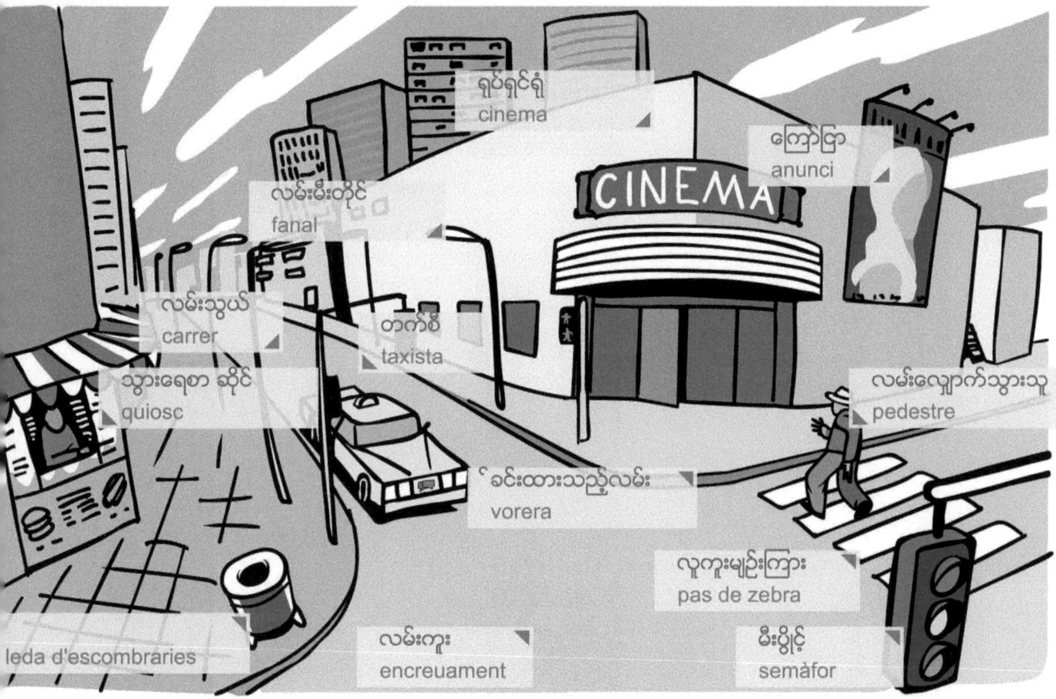
ရုပ်ရှင်ရုံ
cinema
CINEMA
ကြော်ငြာ
anunci
လမ်းမီးတိုင်
fanal
လမ်းသွယ်
carrer
တက်စီ
taxista
သွားရေစာ ဆိုင်
quiosc
လမ်းလျှောက်သွားသူ
pedestre
ခင်းထားသည့်လမ်း
vorera
လူကူးမျဉ်းကြား
pas de zebra
leda d'escombraries
လမ်းကူး
encreuament
မီးပွိုင့်
semàfor

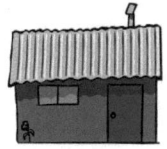

တဲအိမ်

cabana

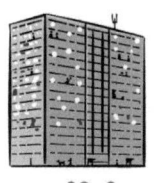

နေအိမ်ခန်း

apartament

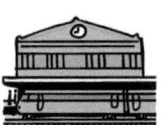

ရထားဘူတာရုံ

estació de trens

မြို့တော်ခန်းမ

casa de la vila-ciutat

MUSEUM

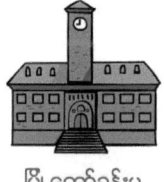

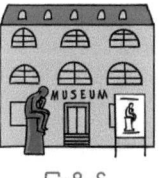

ပြတိုက်

museu

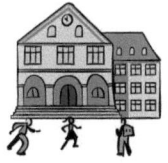

ကျောင်း

escola

တက္ကသိုလ်

universitat

ဘက်

banca

ဆေးရုံ

hospital

ဟိုတယ်

hotel

ဆေးဆိုင်

farmàcia

ရုံးခန်း

oficina

စာအုပ်ဆိုင်

llibreria

ဆိုင်

botiga

ပန်းရောင်းသူ၏

floristeria

စူပါမားကတ်

supermercat

ဈေး

mercat

ပစ္စည်းမျိုးစုံရောင်းသည့်
စတိုးဆိုင်ကြီး

gran magatzem

ငါးရောင်းသူ၏

peixateria

ဈေးဝယ်စင်တာ

centre comercial

သင်္ဘောဆိပ်

port

အနားယူပန်းခြံ

parc

ထိုင်ခုံတန်း

banc

တံတား

pont

လှေကားထစ်များ

escala

မြေအောက်

metro

ဉမင်လှိုင်ခေါင်း

túnel

ဘတ်စ်ကားမှတ်တိုင်

parada d'autobús

ဘား

bar

စားသောက်ဆိုင်

restaurant

စာတိုက်သေတ္တာ

bústia de correu

လမ်းဆိုင်းဘုတ်

senyal indicador

ကားရပ်နားခ ကောက်ခံသည့် မီတာ

parquímetre

တိရိစ္ဆာန်ရုံ

zoo

ရေကူးကန်

piscina

ဗလီ

mesquita

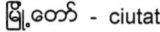

လယ်ယာ
granja

ညစ်ညမ်းမှု
pol·lució

သချႋုင်းကုန်း
cementiri

ဘုရားရှိခိုးကျောင်း
església

ကစားကွင်း
parc infantil

ဘုရားကျောင်း
temple

ရှုခင်း
paisatge

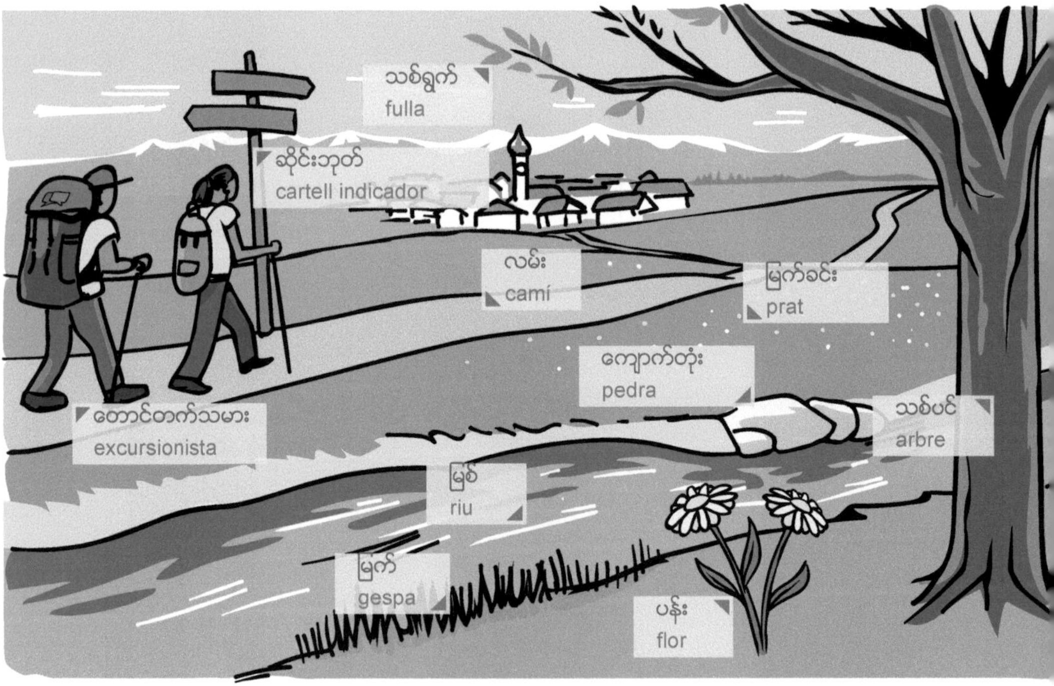

သစ်ရွက်
fulla

ဆိုင်းဘုတ်
cartell indicador

လမ်း
camí

မြက်ခင်း
prat

ကျောက်တုံး
pedra

သစ်ပင်
arbre

တောင်တက်သမား
excursionista

မြစ်
riu

မြက်
gespa

ပန်း
flor

တောင်ကြား
vall

တောင်ကုန်း
muntanya

ရေကန်
llac

သစ်တော
bosc

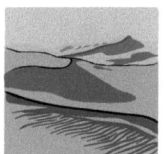

သဲကန္တာရ
desert

မီးတောင်
volcà

ရဲတိုက်
castell

သက်တန့်
arc de Sant Martí

မှို
bolet

ထန်းပင်
palmera

ခြင်
moscard

ပျံသန်းသည်
mosca

ပုရွက်ဆိတ်
formiga

ပျား
abella

ပင့်ကူ
aranya

ပိုးတောင်မာ

escarabat

ဖား

granota

ရှဉ့်

esquirol

ဖြူကောင်

eriçó

ယုန်

llebre

ဇီးကွက်

òliba

ငှက်

ocell

ငန်း

cigne

တောဝက်

senglar

သမင်

cervo

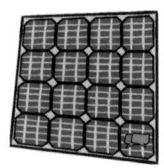

ချိုပြားဒရယ်

ant

ဆည်

presa

လေအားသုံး
လျှပ်စစ်ဓာတ်အားပေးစက်

turbina

နေရောင်ခြည်ခံပြား

panell solar

ရာသီဥတု

clima

စားသောက်ဆိုင်

restaurant

စားပွဲထိုး
cambrer
မီနူး
menú
ထိုင်ခုံ
cadira
ဟင်းချို
sopa
ပီဇာ
pizza
ဇွန်းခက်ရင်း
coberts
စားပွဲခင်း
tovalla

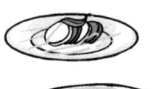

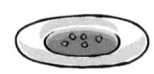

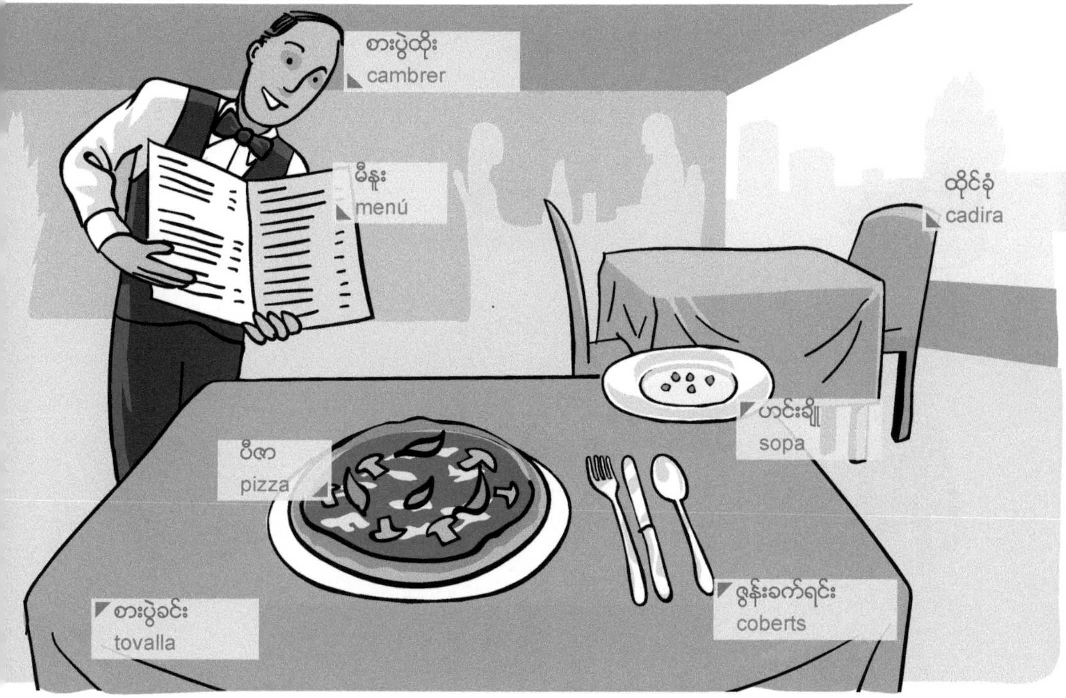

ပထမဆုံး စားသည့် အစာ

primer plat

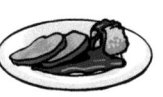

ပင်မ အစာ

plat principal

အချိုပွဲ

darreries

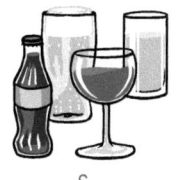

သောက်စရာများ

begudes

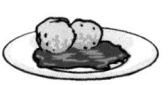

အစားအစာ

menjar

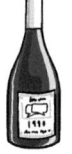

ပုလင်း

ampolla

အသင့်ပြင်ပြီးသား အစားအစာ

menjar ràpid

လမ်းဘေးအစားအစာ

menjar de carrer

လက်ဖက်ရည်အိုး သို့မဟုတ် ရေနွေးကြမ်းအိုး

tetera

သကြားအိုး

sucrer

တစ်ယောက်စာ

porció

အက်စက်ပရက်ဆို ကော်ဖီစက်

màquina d'espresso

ထိုင်ခုံအမြင့်

trona

ငွေတောင်းခံလွှာ

factura

ပန်း

plata

ဓါး

ganivet

ခက်ရင်း

forqueta

ဇွန်း

cullera

လက်ဖက်ရည်ဇွန်း

cullereta

လက်သုတ်ပုဝါ

tovalló

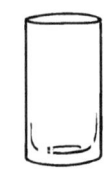

ရေသောက်ဖန်ခွက်

got

ပန်းကန်ပြား

plat

ဟင်းချို/ပန်းကန်ပြား

plat de sopa

ပန်းကန်ပြား

plateret

ဆော့စ်

salsa

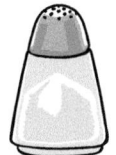

ဆားအိုး

saler

ငရုတ်ကောင်း ချေစက်

molinet de pebre

ရှာလကာရည်

vinagre

ဆီ

oli

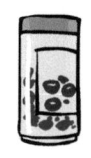

ဟင်းခတ်အမွှေးအကြိုင်

espècies

ခရမ်းချဉ်သီးဆော့စ်

quètxup

မုန်ညင်းဆီဆော့စ်

mostassa

မယ်လိုးနိစ်

maionesa

စူပါမားကတ်

supermercat

အထူးကမ်းလှမ်းချက်
oferta especial
FOR
ဖောက်သည် သို့မဟုတ် ဈေးဝယ်သူ
client
နို့ထွက်ပစ္စည်း
productes lactis
သစ်သီး
fruites
ထရော်လီလှည်း
carret de la compra

BUTCHERS

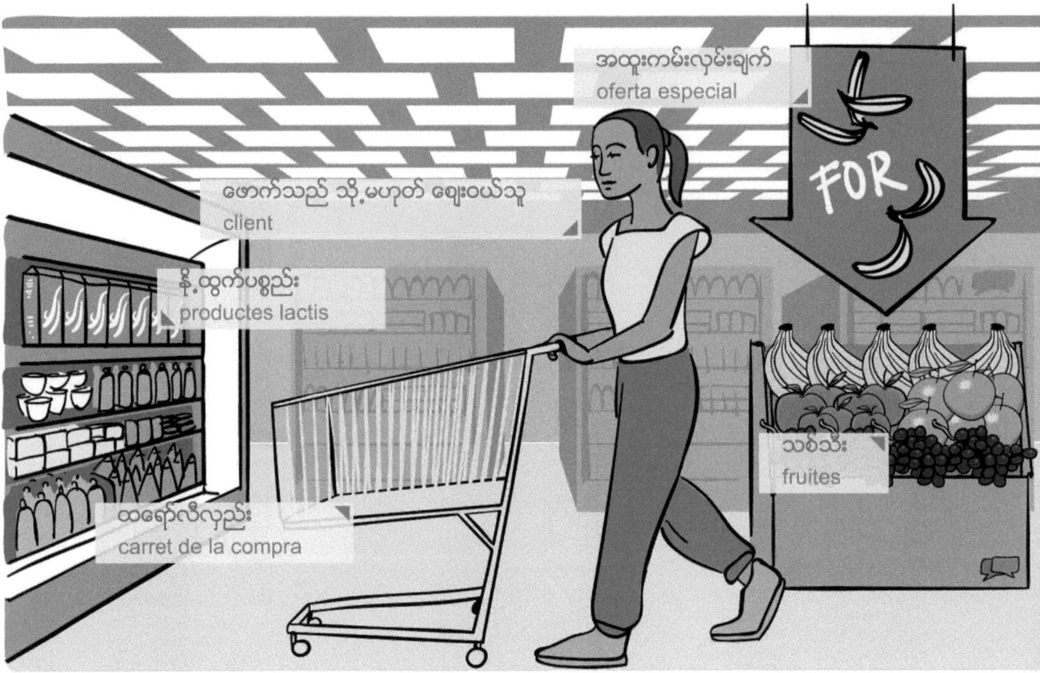

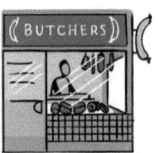

သားသတ်သမား၏

....

carnisseria

BAKERY

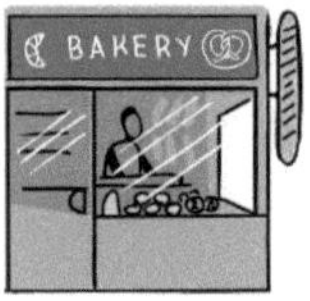

မုန့်ဖုတ်သမား၏

....

forn de pa

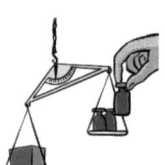

အလေးချိန်သည်

....

pesar

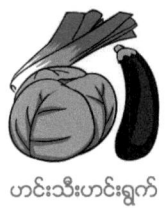

ဟင်းသီးဟင်းရွက်

....

verdures

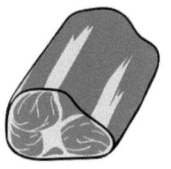

အသား

....

carn

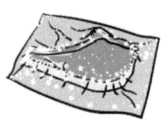

အေးခဲထားသည့် အစားအစာ

....

menjar congelat

ဖြင့်ဆင်ထားသော အသားအေး

carn freda

သံဗူးသွပ် အစားအစာ

conserves

ဆပ်ပြာမှုန့်

detergent en pols

သကြားလုံးများ

dolços

အိမ်သုံး ပစ္စည်းများ

articles domèstics

သန့်ရှင်းရေး ပစ္စည်းများ

productes de neteja

ဈေးရောင်းသူ

venedora

အထိ

caixa registradora

ငွေကိုင်

caixera

ဈေးဝယ်စာရင်း

llista de la compra

ဖွင့်ချိန်နာရီများ

horari d'obertura

အိတ်ဆောင် ပိုက်ဆံအိတ်

portamonedes

အကြွေးဝယ်ကတ်

carta de crèdit

အိတ်

bossa

ပလတ်စတစ်အိတ်

bossa de plàstic

ရေ

aigua

သစ်သီးဖျော်ရည်

suc

နွားနို့

llet

ကိုကာကိုလာ

coca-cola

ဝိုင်

vi

ဘီယာ

cervesa

အရက်

alcohol

ကိုကိုးမှုန့်

cacau

လက်ဖက်ရည် သို့ မဟုတ်
ရေနွေးကြမ်း

te

ကော်ဖီ

cafè

အက်စ်ပရက်ဆို ကော်ဖီ

espresso

ကပူချီနိုကော်ဖီ

cappuccino

ငှက်ပျောသီး

banana

ပန်းသီး

poma

လိမ္မော်သီး

taronja

ဖရဲသီးမျိုးဝင်

síndria

သံပုရိုသီး

llimona

မုန်လာဥနီ

pastanaga

ကြက်သွန်ဖြူ

all

မျှစ်

bambú

ကြက်သွန်နီ

ceba

မှို

bolet

ပဲစေ့များ

avellanes

ခေါက်ဆွဲ

fideus

စပါဂတီ ခေါ် အီတလီ ခေါက်ဆွဲ

espaguetis

ထမင်း

arròs

ဆလပ်ရွက်သုတ်

amanida

အကြွပ်ကြော်များ

patates fregides

အာလူးကြော်

patates fregides

ပီဇာ

pizza

ဟမ်ဘာဂါ

hamburguesa

အသားညှပ်ပေါင်မုန့်

entrepà

ကတ်တလိပ်

escalopa

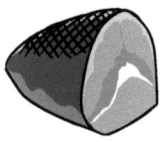

ဝက်ပေါင်ခြောက်

cuixot

ဆလာမီ

salami

ဝက်အူချောင်း

salsitxa

ကြက်သား

pollastre

ရို့စ်လုပ်ခြင်း

rostit

ငါး

peix

ကွေကာအုတ်

flocs de civada

မျိုးစလီ

musli

ပြောင်းစေ့ပြား

cereals

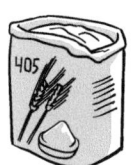

ဂျုံမုန့်

farina

ခရာဆွန်း ခေါ်
ပြင်သစ်ပေါင်မုန့်တစ်မျိုး

croissant

ပေါင်မုန့်လိပ်

panet

ပေါင်မုန့်

pa

ပေါင်မုန့်မီးကင်

torrada

ဘီစကစ်

bescuits

ထောပတ်

mantega

ဒိန်ခဲ

mató

ကိတ်မုန့်

pastís

ဥ

ou

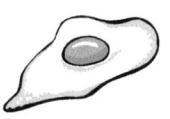

ဥကြော်

ou fregit

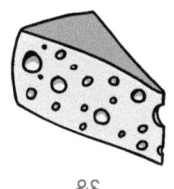

ချိစ်

formatge

ရေခဲမုန့်

gelat

သကြား

sucre

ပျားရည်

mel

ယို

melmelada

ယိုသုတ်စားသည့် ချောကလက်

crema de xocolata

ဟင်း

curri

အစားအစာ - menjar

လယ်ယာ

granja

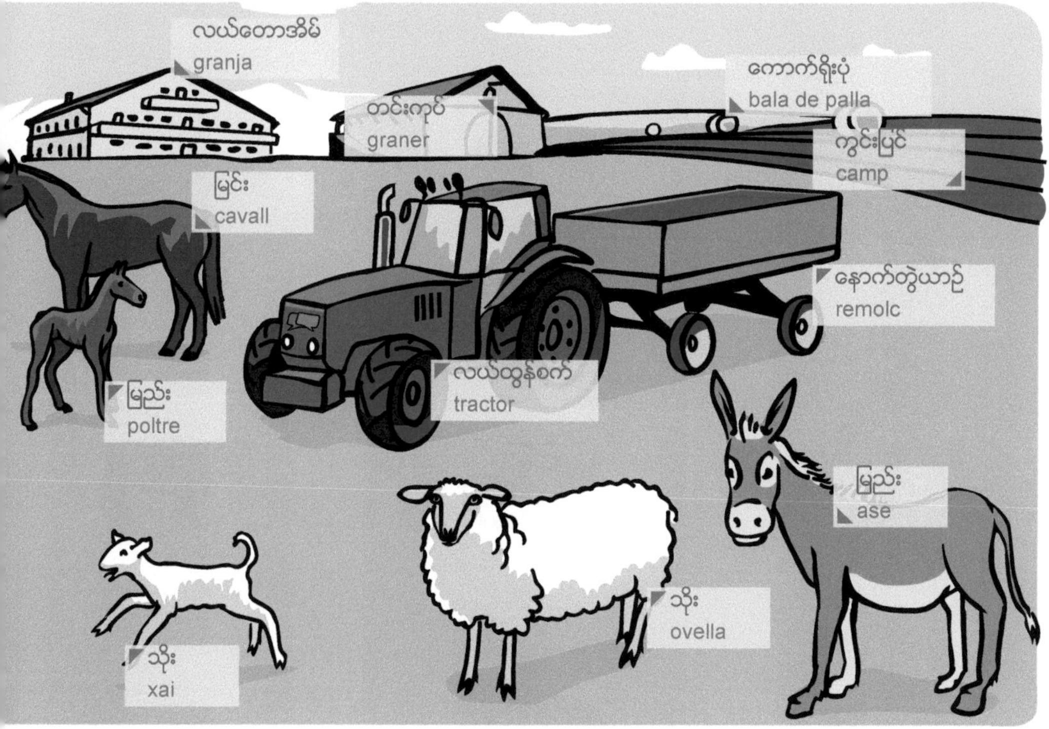

လယ်တောအိမ်
granja
တင်းကုပ်
graner
ကောက်ရိုးပုံ
bala de palla
ကွင်းပြင်
camp
မြင်း
cavall
နောက်တွဲယာဉ်
remolc
လယ်ထွန်စက်
tractor
မြည်း
poltre
မြည်း
ase
သိုး
ovella
သိုး
xai

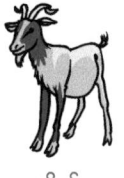

ဆိတ်

cabra

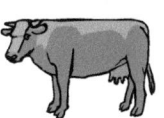

နွားမ

vaca

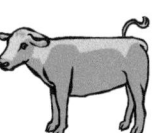

နွားလေး

vedella

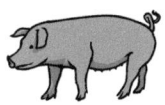

ဝက်

porc

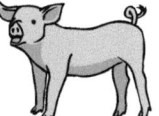

ဝက်ကလေး

garrí

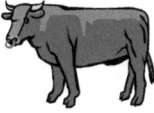

နွားထီး

bou

ဘဲငန်း
oca

ဘဲ
ànec

ကြက်ပေါက်ကလေး
poll

ကြက်မ
gall

ကြက်ဖ
gallina

ကြွက်
rata

ကြောင်
gat

ကြွက်ကလေး
ratolí

နွားထီး
bou

ခွေး
gos

ခွေးအိမ်
gossera

ပန်းခြံရေပိုက်
mànega de regar

ရေလောင်းသည့်ခွက်
regadora

တံစဉ်အပြားကြီး
dalla

ထယ်
arada

တံစဉ်

falç

ပေါက်ပြား

aixada

ကောက်ဆွ

forca

ပေါက်ချွန်း

destral

ဘီးတပ် လက်တွန်းလှည်း

carretó

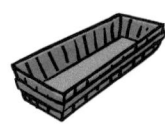

စားခွက်

abeurador

နို့ဗူး

lletera

အိတ်

sac

ခြံစည်းရိုး

tanca

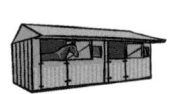

မြင်းဇောင်း

establa

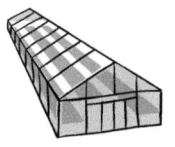

မှန်လုံအိမ်

hivernacle

မြေကြီး

sòl

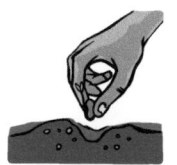

အစေ့

llavor

မြေသြဇာ

adob

စုပေါင်း ရိတ်သိမ်းသူ

collidora

ရိတ်သိမ်းသည်

collir

ရိတ်သိမ်းသည်

collita

ဝီလောဝီနံ

nyam

ဂျုံ

blat

ပဲပုပ်

soja

အာလူး

patata

ပြောင်း

blat de moro o d'indi

နံစားပြောင်းဆီ

colza

အသီးပင်

arbre fruiter

ဝီလောဝီနံ

mandioca

စီရီရယ် ခေါ် နံနက်စာတစ်မျိုး

cereals

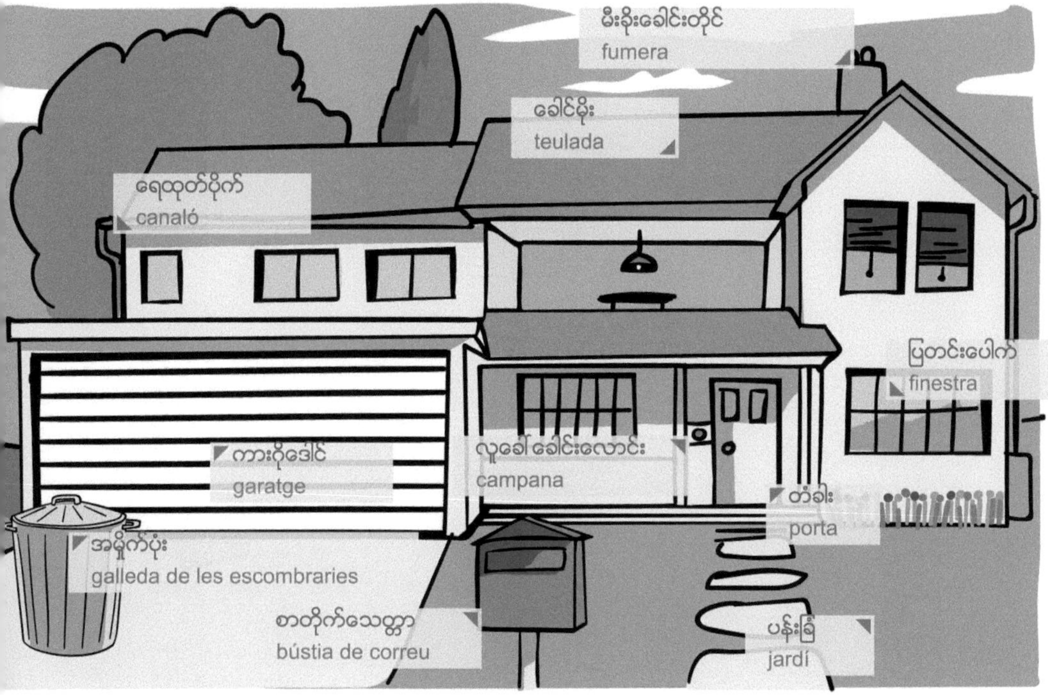

အိမ်

casa

မီးခိုးခေါင်းတိုင်
fumera

ခေါင်မိုး
teulada

ရေထွတ်ပိုက်
canaló

ပြတင်းပေါက်
finestra

ကားဂိုဒေါင်
garatge

လူခေါ် ခေါင်းလောင်း
campana

တံခါး
porta

အမှိုက်ပုံး
galleda de les escombraries

စာတိုက်သေတ္တာ
bústia de correu

ပန်းခြံ
jardí

ဧည့်ခန်း
sala d'estar

ရေချိုးခန်း
bany

မီးဖိုချောင်
cuina

အိပ်ခန်း
cambra de dormir

ကလေး အခန်း
cambra de nen

ထမင်းစားခန်း
menjador

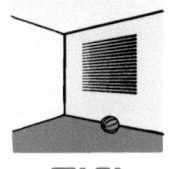

ကြမ်းပြင်

sòl

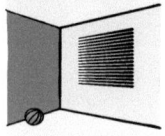

နံရံ

paret

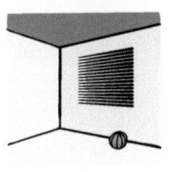

မျက်နှာကြက်

sostre

မြေအောက်ခန်း

soterrani

ချွေးထုတ်ခန်း

sauna

ဝရန်တာ

balcó

ဝရန်တာ

terrassa

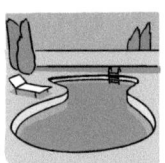

ရေကူးကန်

piscina

မြက်ရိတ်စက်

tallagespa

အချုပ်

vànova

အိပ်ယာခင်း

cobrellit

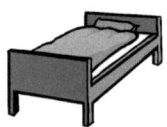

အိပ်ယာ

llit

တံမြက်စည်း

escombra

ရေပုံး

galleda

မီးခလုတ်

interruptor

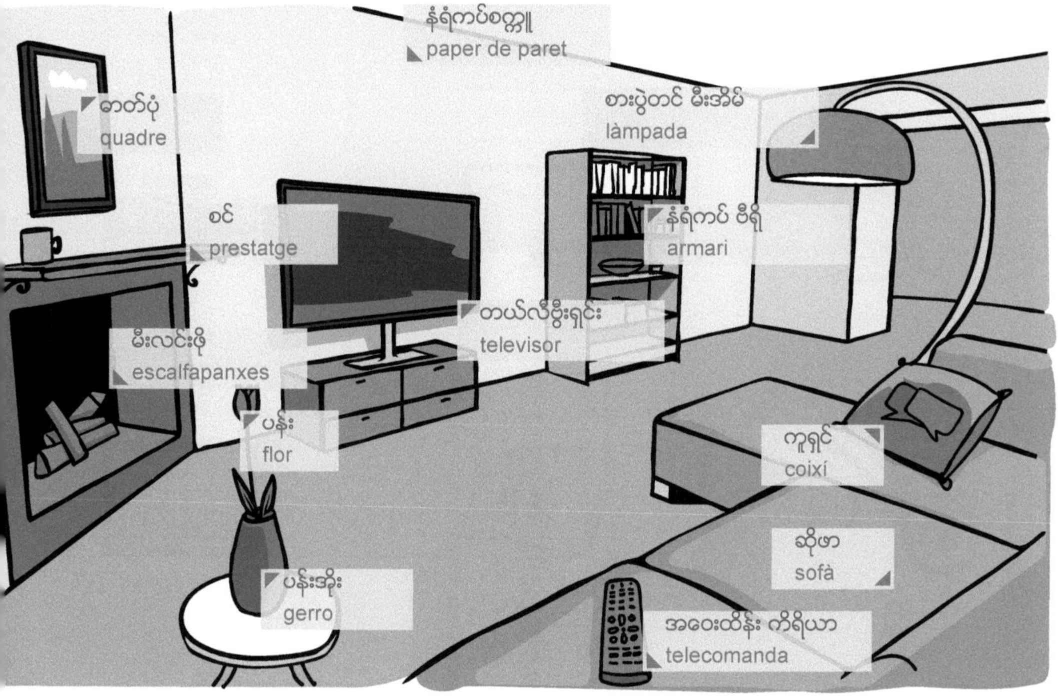

နံရံကပ်စက္ကူ
paper de paret

တာတ်ပုံ
quadre

စားပွဲတင် မီးအိမ်
làmpada

စင်
prestatge

နံရံကပ် ဗီရို
armari

မီးလင်းဖို
escalfapanxes

တယ်လီဗွီးရှင်း
televisor

ပန်း
flor

ကူရှင်
coixí

ဆိုဖာ
sofà

ပန်းအိုး
gerro

အဝေးထိန်း ကိရိယာ
telecomanda

ကော်ဇော
catifa

ကန့်လန့်ကာ
cortina

စားပွဲခုံ သို့မဟုတ် ဇယား
taula

ထိုင်ခုံ
cadira

ရှေ့နောက် ယိမ်းနိုင်သည့် ထိုင်ခုံ
cadira gronxadora

လက်တင်ထိုင်ခုံ
cadiral

စာအုပ်

llibre

စောင်

llençol

အပြင်အဆင်

decoració

ထင်း

llenya

ဖလင် သို့ မဟုတ် ရုပ်ရှင်

film

ဟိုင်ဖိုင် ကိရိယာ

cadena de música

သော့

clau

သတင်းစာ

diari

ပန်းချီကား

pintura

ပိုစတာ

cartell

ရေဒီယို

ràdio

မှတ်စုစာရွက်အုပ်

bloc de notes

ဖုံစုပ်စက်

aspiradora

ရှားစောင်းပင်

cactus

ဖယောင်းတိုင်

candela

မီးဖိုချောင်

cuina

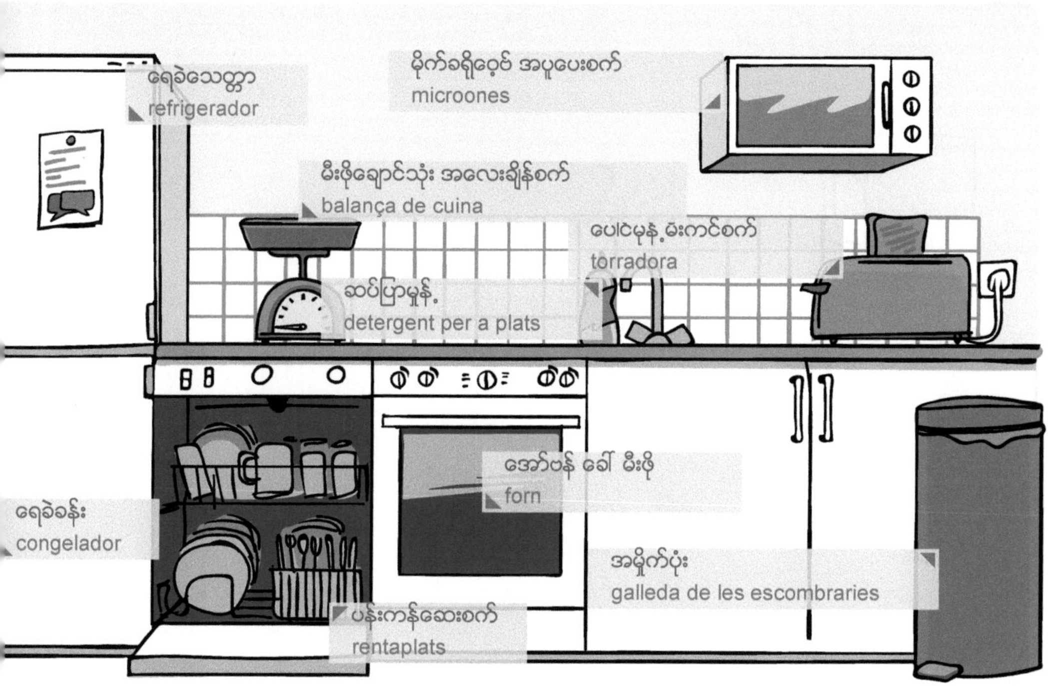

ရေခဲသေတ္တာ
refrigerador
မိုက်ခရိုဝေ့ဗ် အပူပေးစက်
microones
မီးဖိုချောင်သုံး အလေးချိန်စက်
balança de cuina
ပေါင်မုန့် မီးကင်စက်
torradora
ဆပ်ပြာမှုန့်
detergent per a plats
အော်ဗန် ခေါ် မီးဖို
forn
ရေခဲခန်း
congelador
အမှိုက်ပုံး
galleda de les escombraries
ပန်းကန်ဆေးစက်
rentaplats

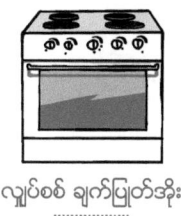

လျှပ်စစ် ချက်ပြုတ်အိုး

cuina de fogons

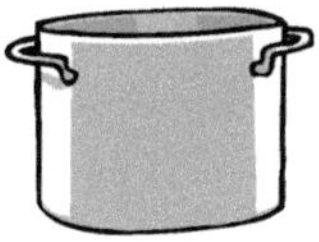

အိုး

olla

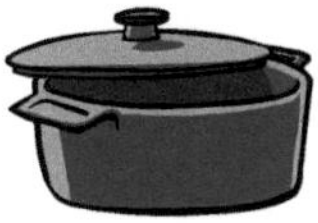

သံအိုးကြီး

olla de ferro colat

မွှကြော်သည့် ဒယ်အိုးကြီး / ကာဒိုင်း

wok / karahi

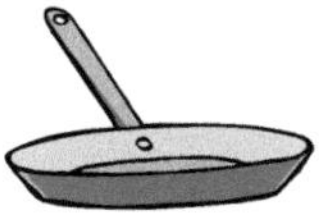

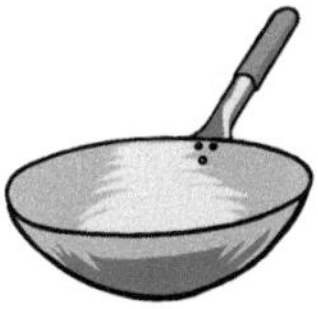

ဒယ်အိုး

paella

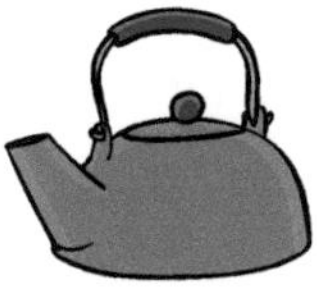

ရေနွေးတည်သည့်အိုး

bullidor

ပေါင်းစက်

olla de vapor

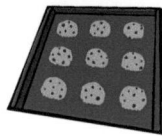

မုန့်ဖုတ်သည့် ပန်း

plata de forn

ကြွေပန်းကန်ပြား ခွက်ယောက်

vaixella

မတ်ခွက်

tassa grossa

ဇလုံပန်းကန်

bol

အစားစားသည့်တူများ

bastonets xinesos

ယောက်ချို

culler

မွှေသည့်အတံ

espàtula

ခေါက်တံ

batedor

စစ်သည့် အရာ

colador

စကာ

sedàs

ခြစ်သည့်ကိရိယာ

ratllador

ပြုပ်ဆုံ

morter

ဘာဘီကျူးကင်

barbacoa

ထင်းမီးဖို

foc a terra

စင်းနှီးတုံး

taula de tallar

လည်နေသောပင်

corró

ဖော့ဆို့

llevataps

သံဗူး

pot de conserva

သံဗူးဖောက်တံ

obridor

အိုးတင်သည့်အရာ

agafador

ရေဆေးသည့် နေရာ

aigüera

စုပ်တံ

raspall

ရေမြုပ်

esponja

မွှေသည့်စက်

batedora

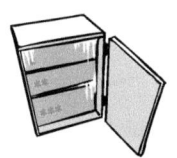

အေးခဲသည့် ရေခဲခန်း

congelador

ကလေးနို့ဗူး

biberó

ရေပိုက်ခေါင်း

aixeta

ရေချိုးခန်း

bany

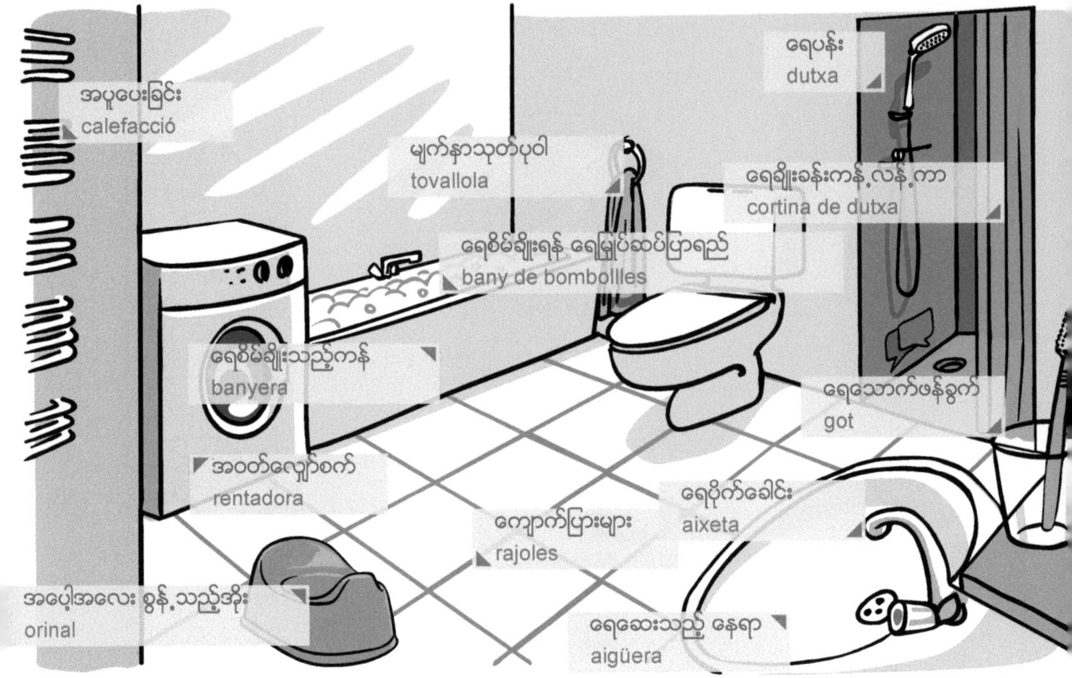

ရေပန်း
dutxa
အပူပေးခြင်း
calefacció
မျက်နှာသုတ်ပုဝါ
tovallola
ရေချိုးခန်းကန့်လန့်ကာ
cortina de dutxa
ရေစိမ်ချိုးရန် ရေမြှုပ်ဆပ်ပြာရည်
bany de bombolles
ရေစိမ်ချိုးသည့်ကန်
banyera
ရေသောက်ဖန်ခွက်
got
အဝတ်လျှော်စက်
rentadora
ရေပိုက်ခေါင်း
aixeta
ကျောက်ပြားများ
rajoles
အပေါ့အလေး စွန့်သည့်အိုး
orinal
ရေဆေးသည့် နေရာ
aigüera

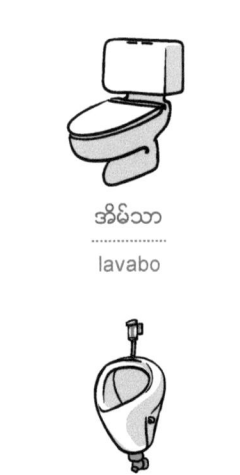

အိမ်သာ

lavabo

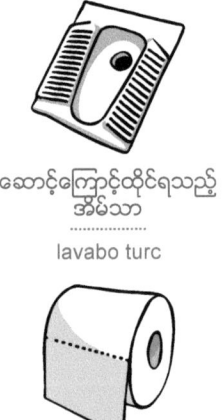

ဆောင့်ကြောင့်ထိုင်ရသည့် အိမ်သာ

lavabo turc

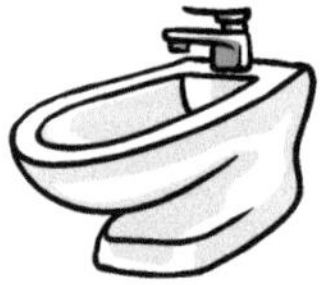

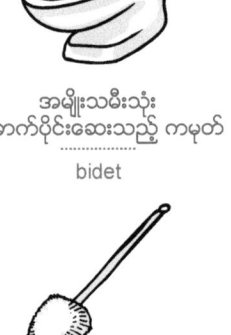

အမျိုးသမီးသုံး အောက်ပိုင်းဆေးသည့် ကမုတ်

bidet

အမျိုးသား ဆီးသွားသည့်ကမုတ်

orinador

အိမ်သာသုံး စက္ကူ

paper higiènic

အိမ်သာတိုက် ဘရပ်ရှ်

escombreta de sanitari

သွားတိုက်တံ

raspall de dents

သွားတိုက်ဆေး

pasta de dents

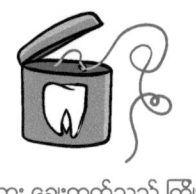

သွား ချေးထုတ်သည့် ကြိုး

fil dental

ဆေးကြောသည်

rentar

လက်ကိုင် ရေပန်း

pom de dutxa

ရေပန်းဖြင့်ရေချိုးခြင်း

dutxa íntima

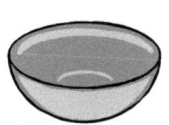

ရေအင်တုံ

rentamans

နောက်ကျော ချေးတွန်းသည့် ဘရပ်ရှ်

raspall per a l'esquena

ဆပ်ပြာ

sabó

ရေချိုးဆပ်ပြာရည်

gel de dutxa

ခေါင်းလျှော်ရည်

xampú

ဖလန်နယ်စ

manyopla de bany

ရေထွက်ပေါက်

bonera

ခရင်မ်

crema

ဒီအော်ဒရန့်၊ ခေါ် ကိုယ်လိမ်းအမွှေးနံ့သာ

desodorant

မှန်

mirall

လက်ကိုင်မှန်

mirall-espill de mà

မုတ်ဆိတ်ရိတ်တံ

maquineta de rasar

မုတ်ဆိတ်ရိတ်ရန် အမြှုပ်

espuma de barbejar

မုတ်ဆိတ်ရိတ်ပြီး
လိမ်းသည့်အမွှေးနံ့သာ

loció post-rasada

ခေါင်းဘီး

pinta

ဘရပ်ရှ်

raspall

ဆံပင်ခြောက်စက်

eixugador

ဆံပင်ဖြန်းဆေး

laca

မိတ်ကပ်

maquillatge

နှုတ်ခမ်းဆိုးဆေး

pintallavis

လက်သည်းဆိုးဆေး

esmalt d'ungles

ဝွမ်းလုံး

cotó

လက်သည်းညှပ် ကပ်ကြေး

tallaungles

ရေမွှေး

perfum

ရေချိုးခန်းသုံး အိတ်

estoig de bellesa

ခွေးခြေ

tamboret

ကိုယ်အလေးချိန်တိုင်းသည့်စက်

bàscula

ရေချိုးပြီး ဝတ်သည့်ဝတ်ရုံ

barnús

ရာဘာ လက်အိတ်များ

guants de goma

တန်ပွန် ခေါ် ဓမ္မတာလာစဉ် မိန်း
မကိုယ်တွင်းထည့်သည့်အရာ

compresa higiènica

အမျိုးသမီး လစဉ်သုံးပုဝါစ

compresa

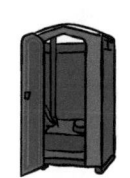

ဓာတုပစ္စည်းထည့်သုံးသည့်
အိမ်သာ

sanitari químic

ကလေး အခန်း

cambra de nen

နိုးစက်
despertador
ဖက်အိပ်သည့်အရုပ်
animal de peluix
အရုပ်ကား
auto de joguina
ခလောက်
sonall
အရုပ်မအိမ်
casa de nines
လက်ဆောင်
present

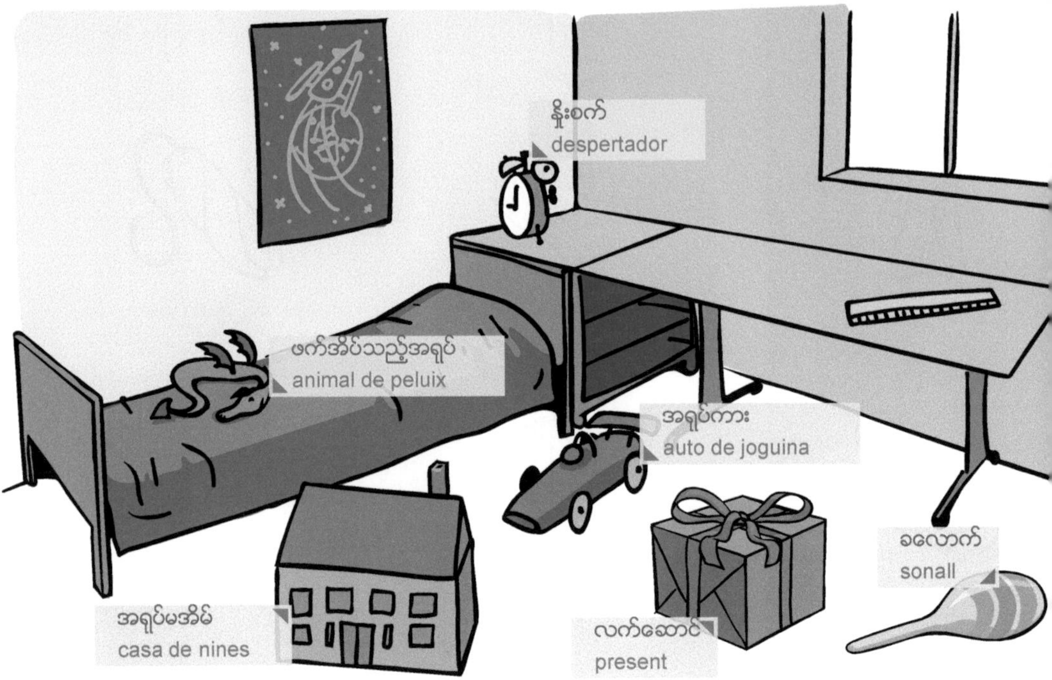

ပူဖောင်း

baló

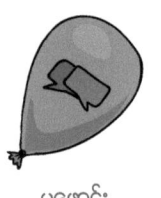

အိပ်ယာ

llit

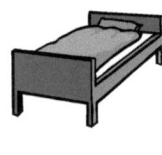

ကလေးတွန်းလှည်း

cotxet per a nens

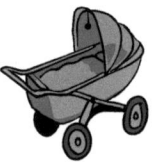

ကစားသည့်ကတ်ထုပ်

joc de cartes

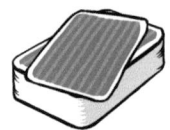

ဂျစ်ဆော ခေါ်
ဆက်၍ကစားသည့်
အပိုင်းအစများ

trencaclosca

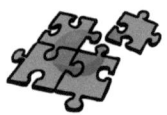

ရုပ်ပြစာအုပ်

historieta

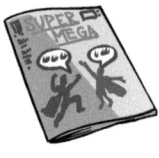

ဆောက်ရှ့်ကစားသည့် လေဂို
အတုံးများ

peces de lego

ဆောက်ရှ့်ကစားသည့်
အတုံးများ
peces de construcció

လှုပ်ရှားလှုပ်ကိုင်သူ

ninot d'acció

ဘောဘီဂရိုး

granota

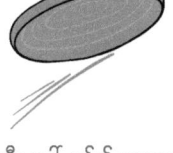

ဖရစ်ဘီး ခေါ် ပစ်၍ ကစားသည့်
အပြား
frisbee

ရွှေ့လျားနိုင်သော

mòbil per a bressol

ဒုတ်ပြားပေါ် တွင် ကစားနည်း

joc de taula

အံစာတုံး

daus

ကစားစရာ ရထား အစုံမော်ဒယ်

tren elèctric

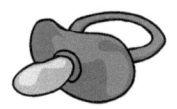

အရုပ်

xumet

ပါတီ

festa

ရုပ်ပြစာအုပ်

llibre de dibuixos

ဘောလုံး

pilota

အရုပ်မ

nina

ကစားသည်

jugar

ကစားသည့် သဲပုံး

sorrera

ဒန်း

gronxador

အရုပ်များ

joguines

ဗွီဒီယိုဂိမ်းကစားသည့် စက်

consola de jocs de vídeo

သုံးဘီး စက်ဘီး

tricicle

တက်ဒီ ဝက်ဝံရုပ်

osset de peluix

အဝတ်ဗီရို

armari

အဝတ်အစား

roba

ခြေအိတ်များ

mitjons

အမျိုးသမီးဝတ် ခြေအိတ်ရှည်

mitges

အမျိုးသမီး ခြေအိတ်အကြပ်

mitja pantaló

ပုဝါ
tapacoll

ထီး
paraigua

တီရှပ်
camiseta

ခါးပတ်
cintura

အားကစားဖိနပ်များ
sabates d'esport

ဘွတ်ဖိနပ်များ
botes

ခြေညှပ်ဖိနပ်များ
plantofes

ခြေစွပ် နောက်ပိတ်ဖိနပ်
sandàlies

ရှူးဖိနပ်များ
sabates

ရာဘာ ဘွတ်ဖိနပ်များ
botes de goma

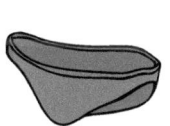

အောက်ခံ အဝတ်များ
calçonets

ဘရာဇီယာ
sostenidor

အပေါ်ထပ် လက်ပြတ်အကျႌ
guardapits

ကိုယ်ခန္ဓာ

jjustacòs

ဘောင်းဘီရှည်

pantalons

ဂျင်းဘောင်းဘီ

jeans

စကပ်

faldeta

ဘလောက်စ်အကျႌ

brusa

ရှပ်အကျႌ

camisa

ခေါင်းစွပ်အကျႌ

jersei

ခေါင်းစွပ်ပါ အကျႌ

dessuadora

ဘလေဇာကုတ်အကျႌ

blazer

ဂျက်ကက်အကျႌ

jaqueta

ကုတ်အကျႌ

mantell

မိုးကာ ကုတ်အကျႌ

impermeable

ဝတ်စုံ

vestit de dona

ဂါဝန်

vestit de dona

လက်ထပ် ဝတ်စုံ

vestit de núvia

အနောက်တိုင်းဝတ်စုံပြည့်
vestit d'home

ညအိပ်အကျႌ
camisa de dormir

ညအိတ်ဝတ်စုံ
pijama

ဆာရီ
sari

ခေါင်းအုပ်ပုဝါ
mocador de cap

တာဘန် ခေါ် ခေါင်းပေါင်း
turbant

ဘာကာခေါ်
အမျိုးသမီးခေါင်းအုပ်
burca

ကာ့ဖ်တန် ခေါ်
အမျိုးသားဝတ်ဘောင်းဘီ
caftan

အာဘယာ ခေါ် မွတ်ဆလင်
အမျိုးသမီးဝတ်အကျႌ
abaia

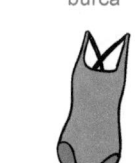

ရေကူးဝတ်စုံ
vestit de bany

အဝတ်သေတ္တာ
calçon(et)s de bany

ဘောင်းဘီတို
pantalons curts

အားကစားဝတ်စုံ
xandall

ခါးစည်း အဝတ်
davantal

လက်အိတ်များ
guants

ကြယ်သီး

botó

မျက်မှန်

ulleres

လက်ကောက်

braçalet

လည်ဆွဲ

collaret

လက်စွပ်

anell

နားကပ်

orellera

ခေါင်းဆောင်း ဦးထုပ်

casquet

ကုတ်အကျီ ချိတ်

penjador

ဦးထုပ်

capell

နက်တိုင်

corbata

ဇစ်

cremallera

ဟဲလ်မက်ခေါ် ခေါင်းဆောင်း

casc

သွားထိန်းများ

elàstics

ကျောင်းဝတ်စုံ

uniforme escolar

ယူနီဖောင်းဝတ်စုံ

uniforme

အဝတ်အစား - roba

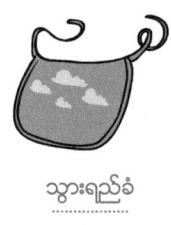

သွားရည်ခံ

pitet

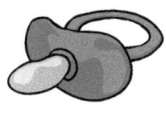

အရုပ်

xumet

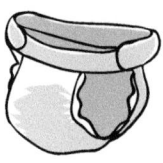

ကလေးအနီး

bolquer

ရုံးခန်း
oficina

ဆာဗာ
servidor
ဖိုင်ထည့်သည့် ဗီရို
armari arxivador
ပရင်တာ
impressora
စာရွက်
paper
မော်နီတာ
monitor
မောက်စ်
ratolí
စာရေးစားပွဲခုံ
escriptori
စာရွက်ထည့်သည့် ခေါက်ဖိုင်
arxivador
ကီးဘုတ်
teclat
အမှိုက်စက္ကူပုံး
paperera
ကွန်ပြူတာ
ordinador
ထိုင်ခုံ
cadira

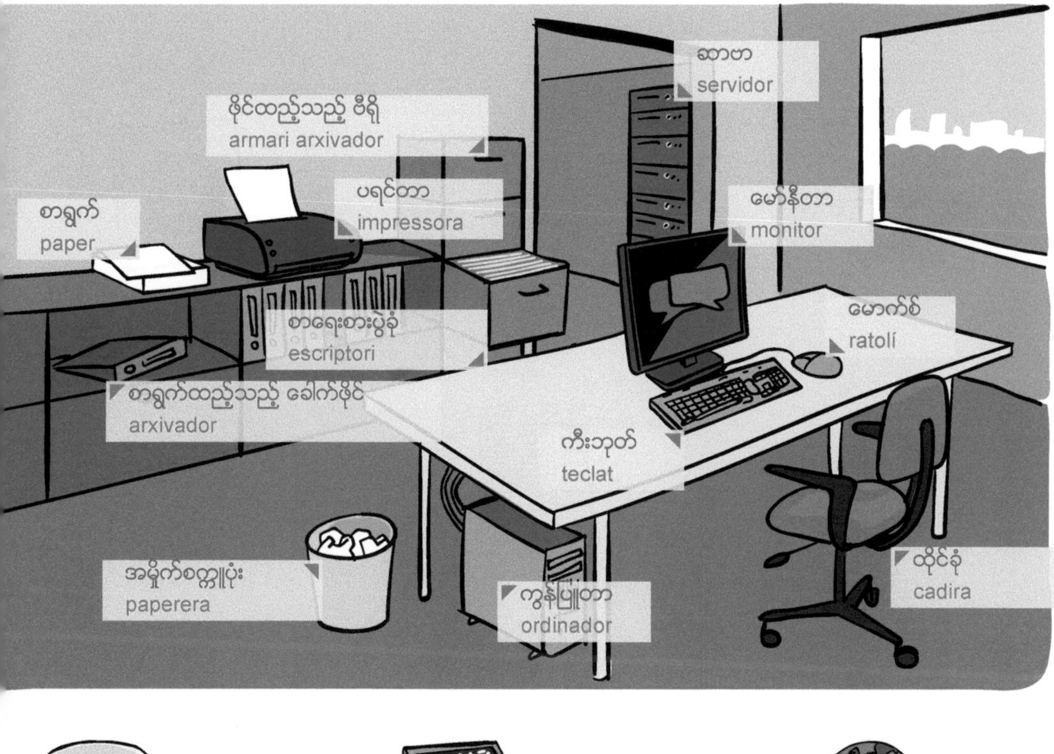

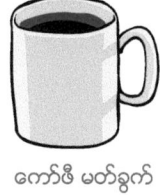

ကော်ဖီ မတ်ခွက်

tassa de cafè

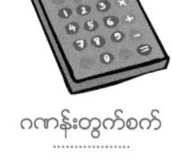

ဂဏန်းတွက်စက်

calculadora

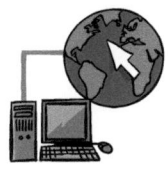

အင်တာနက်

Internet

ပေါင်ပေါ် တင်ရိုက်နိုင်သည့်
ကွန်ပျူတာ

ordinador portàtil

စာ

lletra

မက်ဆေ့ချ်

missatge

မိုဘိုင်းဖုန်း

mòbil

ကွန်ရက်

xarxa

မိတ္တူကူးစက်

fotocopiadora

ဆော့ဖ်ဝဲရ်

programari

တယ်လီဖုန်း

telèfon

ပလပ်ပေါက်

presa de corrent

ဖက်စ်ပို့ သည့် စက်

fax

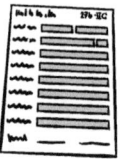

ပုံစံ

formulari

စာရွက်စာတမ်း

document

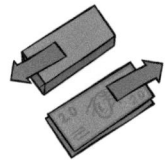

ဝယ်ယူသည်

comprar

ပေးအပ်သည်

pagar

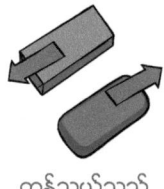

ကုန်သွယ်သည်

comerciar

ပိုက်ဆံ

diners

ဒေါ်လာ

dòlar

ယူရိုငွေ

euro

ယန်းငွေ

ien

ရူဘယ်ငွေ

ruble

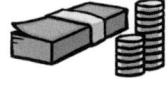

ဆွစ်ဖာလန်နိုင်ငံသုံးငွေ

franc suís

ရမ်မင်ဘီ ယွမ်

renminbi

ရူပီး

rupia

ငွေချေသည့်နေရာ

caixa automàtica

ငွေလဲဌာန

oficina de canvi

ရွှေ

or

ငွေ

argent

ဆီ

petroli

စွမ်းအင်

energia

ဈေးနှုန်း

preu

စာချုပ်

contracte

အခွန်

impost

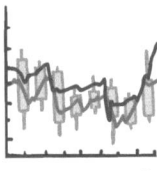

စတော့ဈေးကွက်

acció

အလုပ်လုပ်သည်

treballar

ဝန်ထမ်း

treballador

အလုပ်ရှင်

empresari

စက်ရုံ

fàbrica

ဆိုင်

botiga

အလုပ်အကိုင်များ

oficis

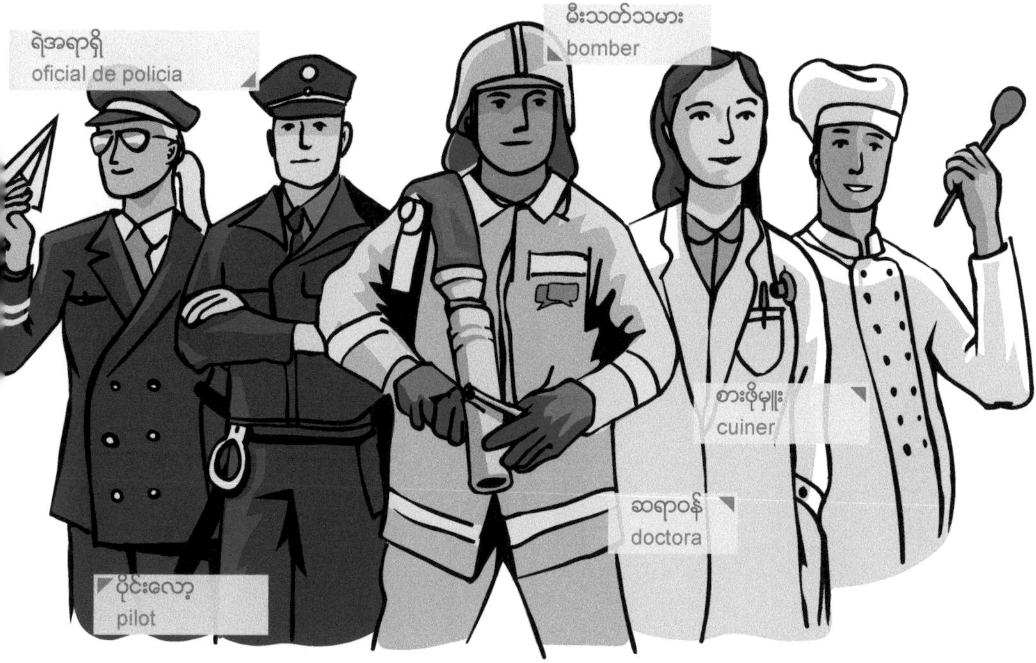

ရဲအရာရှိ
oficial de policia
မီးသတ်သမား
bomber
စားဖိုမှူး
cuiner
ဆရာဝန်
doctora
ပိုင်းလော့
pilot

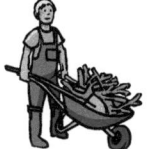

မာလီ

jardiner

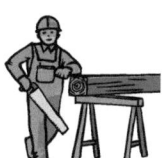

လက်သမား

fuster

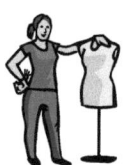

စက်ချုပ်သူ

costurera

တရားသူကြီး

jutge

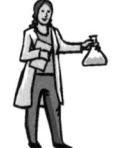

ဓာတုဗေဒပညာရှင်

química

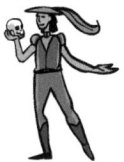

သရုပ်ဆောင်

actor

ဘတ်စ်ကားမောင်းသမား

conductor d'autobús

တက္ကစီမောင်းသူ

taxista

ငါးဖမ်းသမား

pescador

သန့်ရှင်းရေး အလုပ်သမ

dona de la neteja

အမိုးပြင်သူ

ensostrador

စားပွဲထိုး

cambrer

အမဲလိုက်မှုဆိုး

caçador

ဆေးသုတ်သမား သို့မဟုတ်
ပန်းချီဆရာ

pintor

မုန့်ဖုတ်သမား

forner

လျှပ်စစ်ပညာရှင်

electricista

ဆောက်လုပ်ရေးသမား

obrer de la construcció

အင်ဂျင်နီယာ

enginyer

သားသတ်သမား

carnisser

ပိုက်ဆက်ဆရာ

llanterner

စာပို့သမား

correu

စစ်သား

soldat

ဗိသုကာပညာရှင်

arquitecte

ငွေကိုင်

caixera

ပန်းပညာရှင်

florista

ဆံပင်အလှပြင်သူ

perruquer

လက်မှတ်စစ်

revisor

စက်ပြင်ဆရာ

mecànic

ကပ္ပတိန်

capità

သွားဘက်ဆိုင်ရာ ဆရာဝန်

dentista

သိပ္ပံပညာရှင်

científic

ရာဘိုင်

rabí

မွတ်ဆလင် တရားဟောဆရာ

imam

ဘုန်းကြီး

monjo

တရားဟောဆရာ

capellà

ကိရိယာ တန်ဆာပလာများ

eines

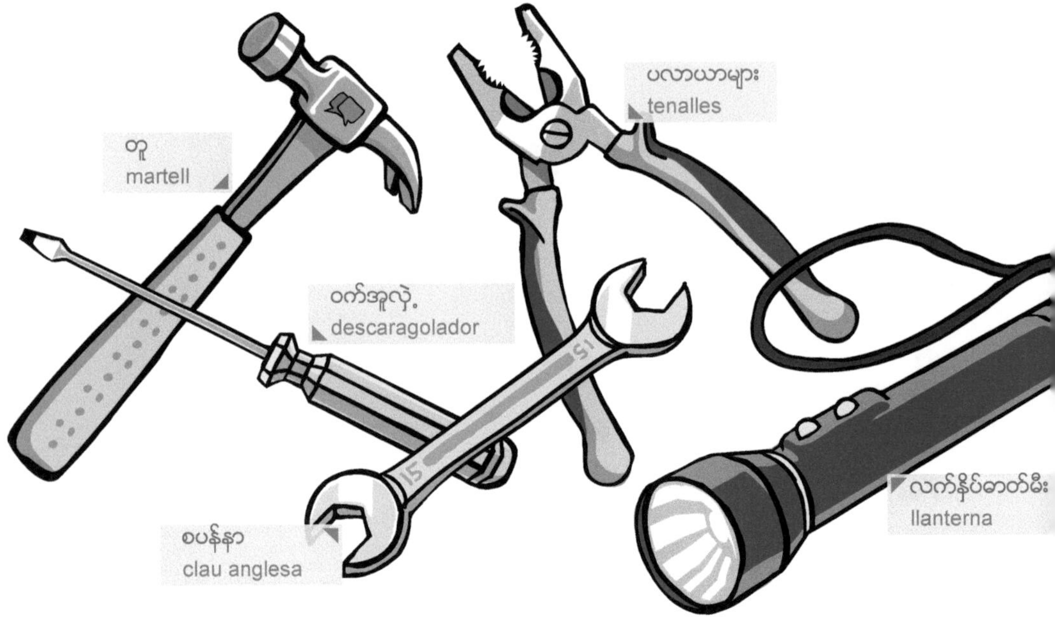

တူ
martell
ပလာယာများ
tenalles
ဝက်အူလှဲ့
descaragolador
စပန်နာ
clau anglesa
လက်နှိပ်ဓာတ်မီး
llanterna

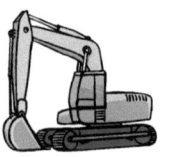

မြေတူးစက်

excavadora

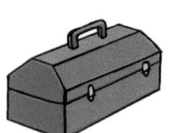

လက်သမားသုံးကိရိယာ သေတ္တာ

caixa d'eines

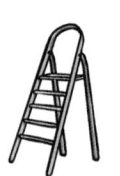

လှေကား

escala

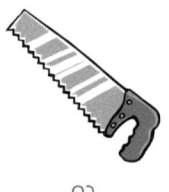

လွှ

serra

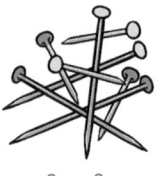

လက်သည်းများ

claus

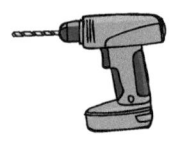

အပေါက်ဖောက်စက်

trepant

ပြင်ဆင်သည်

reparar

ဂေါ်ပြား

pala

ချိုးတွဲမှပဲ

Maleït siga!

ဖုန်ကျုးသည့် ဂေါ်ပြား

pala

ဆေးရောင်အိုး

pot de pintura

ဝက်အူများ

caragols

ဂီတတူရိယာများ

instrument de música

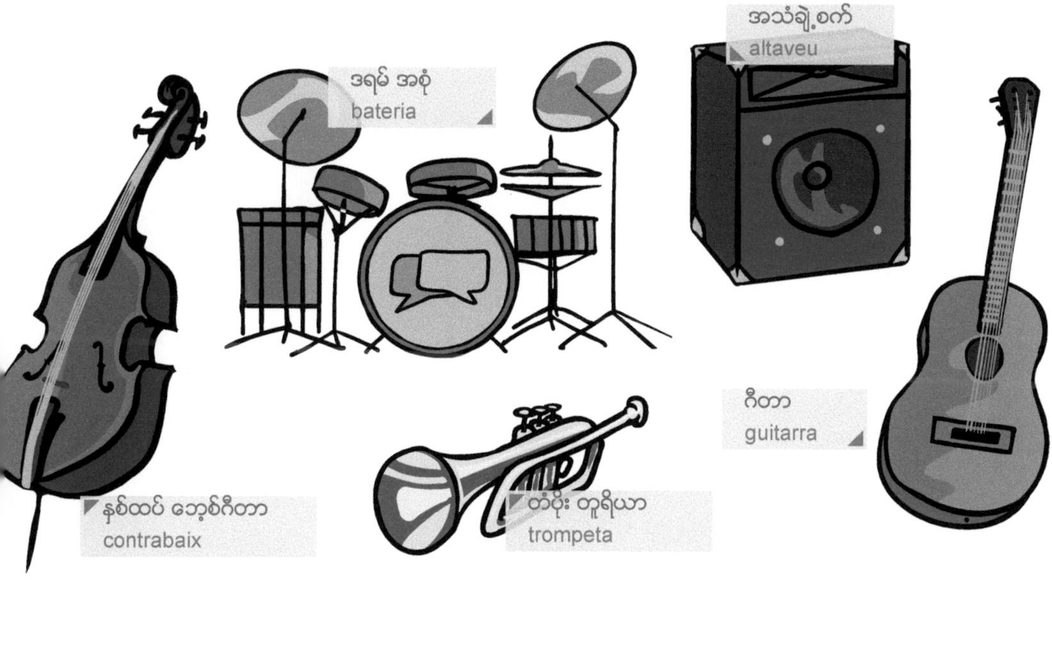

ဒရမ် အစုံ
bateria

အသံရဲ့စက်
altaveu

ဂီတာ
guitarra

နှစ်ထပ် ဘော့စ်ဂီတာ
contrabaix

တံပိုး တူရိယာ
trompeta

စန္ဒယား

piano

တယော

violí

ဘော့စ်ဂီတာ

baix

နားစည်အမြေးပါး

timbal

ဒရမ်များ

tambor

ကီးဘုတ် တူရိယာ

teclat

ဆက်ဆိုဖုန်း ခေါ်
လေမှုတ်တူရိယာ

saxofon

ပုလွေ

flauta

စကားပြောစက်

micròfon

ဂီတတူရိယာများ - instrument de música

တိရိစ္ဆာန်ရုံ

ZOO

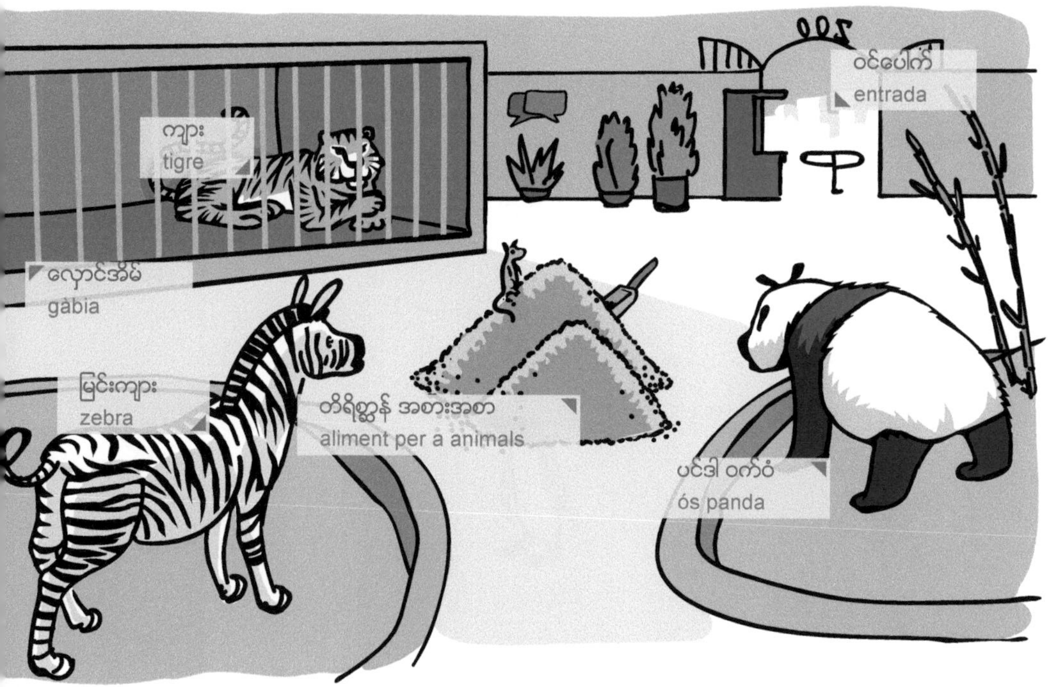

ဝင်ပေါက်
entrada
ကျား
tigre
လှောင်အိမ်
gàbia
မြင်းကျား
zebra
တိရိစ္ဆာန် အစားအစာ
aliment per a animals
ပင်ဒါ ဝက်ဝံ
ós panda

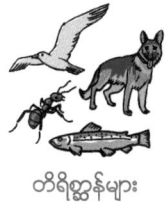

တိရိစ္ဆာန်များ

animals

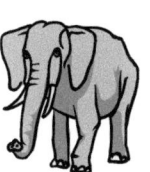

ဆင်

elefant

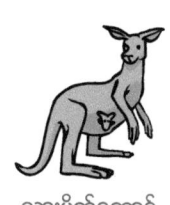

သားပိုက်ကောင်

cangurú

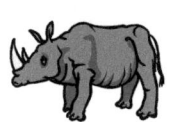

ကြံ့

rinoceront

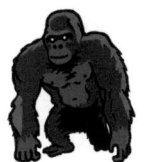

ဂေါ်ရီလာမျောက်

goril·la

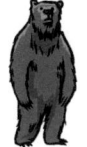

ဝက်ဝံ

ós

ကုလားအုတ်

camell

ငှက်ကုလားအုတ်

estruç

ခြင်္သေ့

lleó

မျောက်

simi

ဖလန်မင်းဂိုးငှက်

flamenc

ကြက်တူရွေး

papagai

ပိုလာဝက်ဝံ

ós polar

ပင်ဝွင်းငှက်

pingüí

ငါးမန်း

ca mari

ဥဒေါင်းငှက်

paó

မြွေ

serp

မိချောင်း

cocodril

တိရိစ္ဆာန်ရုံ ထိန်းသိမ်းသူ

guardià del zoo

ဖျံ

foca

ကျားသစ်

jaguar

ပိုနီမြင်း

poni

ကျားသစ်

lleopard

ရေမြင်း

hipopòtam

သစ်ကုလားအုတ်

girafa

သိန်းငှက်

àliga

တောဝက်

senglar

ငါး

peix

လိပ်

tortuga

ပင်လယ်ဖျံကြီး

morsa

မြေခွေး

guineu

ဦးချိုပါ သမင်ညိုတစ်မျိုး

gasela

အမေရိကန် ဖွတ်ဘော
futbol americà
စက်ဘီးစီးခြင်း
ciclisme
တင်းနစ်ရိုက်ခြင်း
tenis
ဘတ်စကက်ဘော
bàsquet
ရေကူးခြင်း
natació
ရေခဲပြင် ဟော်ကီ
hoquei sobre gel
လက်ဝှေ့
boxa

ဘောလုံးကန်ခြင်း

futbol americà

ကြက်တောင်ရိုက်ခြင်း

bàdminton

ကိုယ်လက်လှုပ်ရှား အားကစားများ

atletisme

ဟန်းဒ်ဘော ခေါ် လက်ပစ်ဘော

handbol

နှင်းလျှောစီးခြင်း

esquí

ပိုလို

polo

လှုပ်ရှားမှုများ
activitats

ရယ်မောသည်
riure
ခုန်သည်
saltar
ပွေ့ဖက်သည်
abraçar
လမ်းလျှောက်သည်
anar
သီချင်းဆိုသည်
cantar
အိပ်မက်သည်
somiar
ဆုတောင်းသည်
pregar
နမ်းရှုပ်သည်
fer un petó

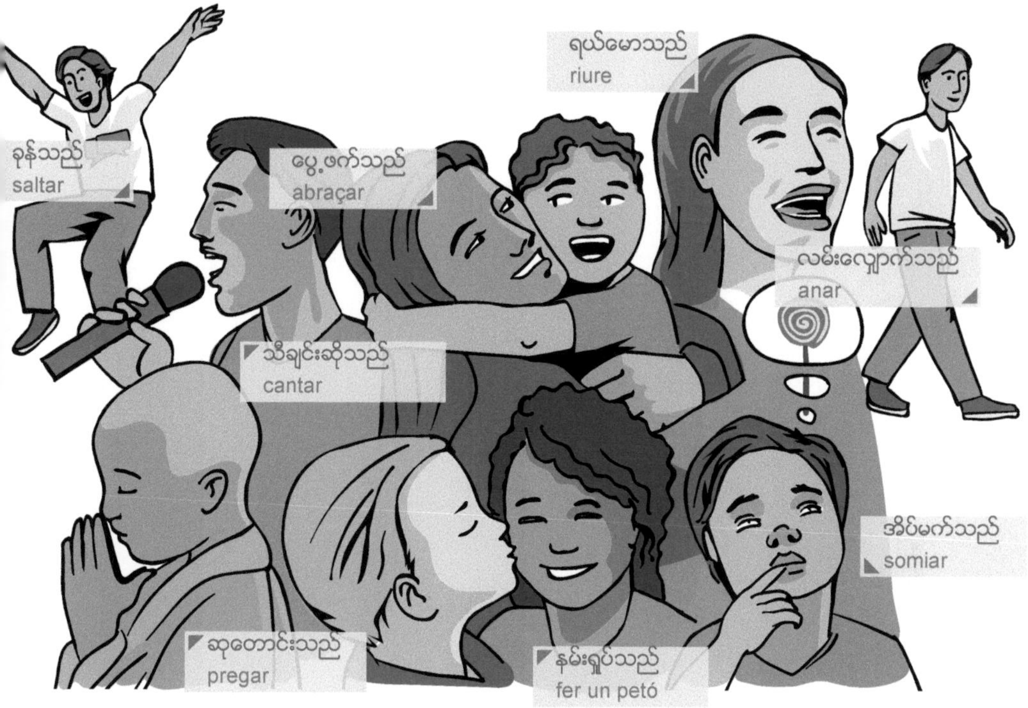

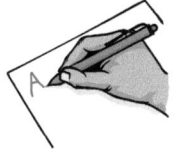

စာရေးသည်

escriure

ရေးဆွဲသည်

dibuixar

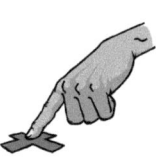

ပြသသည်

mostrar

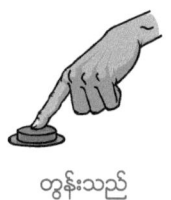

တွန်းသည်

pitjar

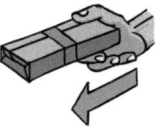

ပေးသည်

donar

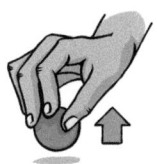

ယူသည်

prendre

ရှိသည်

tenir

ပြုလုပ်သည်

fer

ဖြစ်သည်

ésser

မတ်တပ်ရပ်သည်

estar dret

ပြေးသည်

córrer

ဆွဲသည်

estirar

ပစ်သည်

llançar

လဲကျသည်

caure

လိမ်လည်သည်

jeure

စောင့်ဆိုင်းသည်

esperar

သယ်ဆောင်သည်

portar

ထိုင်သည်

asseure's

အဝတ်အစားဝတ်သည်

vestir-se

အိပ်သည်

dormir

အိပ်ယာမှ ထသည်

despertar-se

လုပ်ရှားမှုများ - activitats

တစ်ခုခုကို ကြည့်ရှုသည်

mirar

ငိုသည်

plorar

ပွတ်သပ်သည်

amoixar

ဘီးဖီးသည်

pentinar

စကားပြောသည်

parlar

နားလည်သည်

comprendre

မေးသည်

demanar

နားထောင်သည်

escoltar

သောက်သည်

beure

စားသည်

menjar

သပ်ရပ်အောင်လုပ်သည်

endreçar

ချစ်သည်

estimar

ချက်ပြုတ်သည်

cuinar

မောင်းသည်

conduir

ပျံသန်းသည်

volar

ရွက်လွင့်သည်

navegar

တွက်ပါ

calcular

ဖတ်သည်

llegir

သင်ယူသည်

aprendre

အလုပ်လုပ်သည်

treballar

လက်ထပ်သည်

casar-se

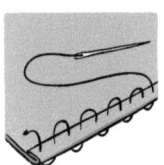

အပ်ချုပ်သည်

cosir

သွားတိုက်သည်

raspallar-se les dents

သတ်သည်

matar

ဆေးလိပ်သောက်သည်

fumar

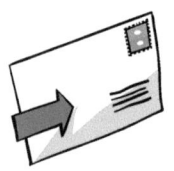

ပို့သည်

enviar

လှုပ်ရှားမှုများ - activitats

အဖွား
àvia

အဖိုး
avi

ဖခင်
pare

မိခင်
mare

ကလေး
nadó

သမီး
filla

သား
fill

ညွှတ်သည်
convidat

အဒေါ်
tia

ဦးလေး
oncle

အစ်ကို
germà

အစ်မ
germana

ကိုယ်ခန္ဓာ
cos

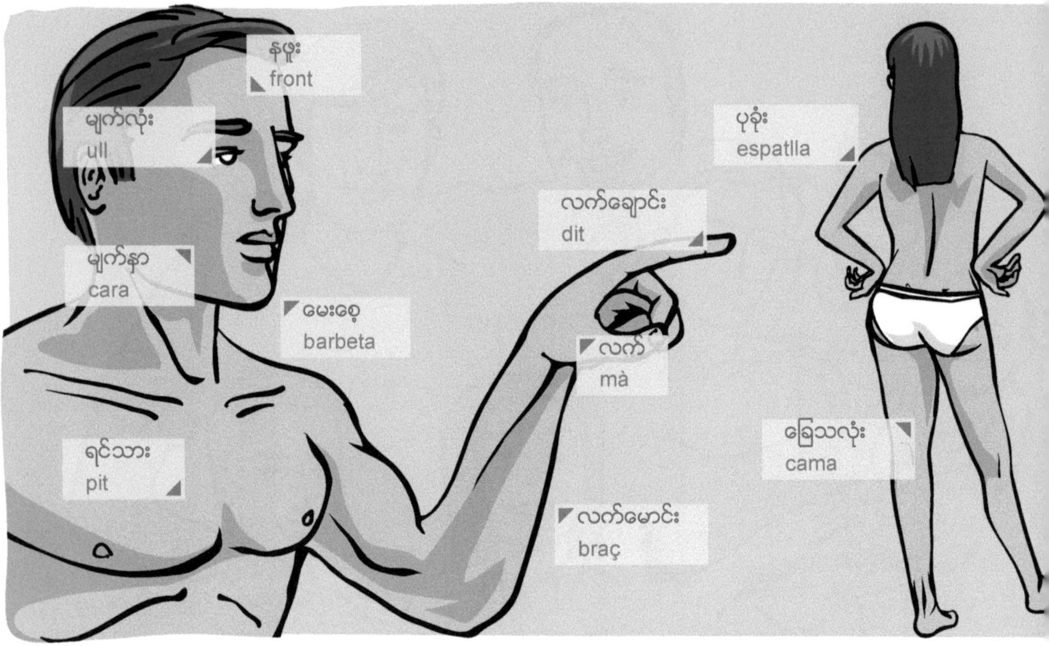

နဖူး
front

မျက်လုံး
ull

မျက်နှာ
cara

မေးစေ့
barbeta

ရင်သား
pit

ပုခုံး
espatlla

လက်ချောင်း
dit

လက်
mà

ခြေသလုံး
cama

လက်မောင်း
braç

ကလေး

nadó

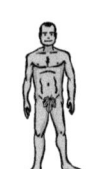

ယောက်ျားကြီး

home

အမျိုးသမီးကြီး

dona

မိန်းကလေး

noia

ယောက်ျားလေး

noi

ဦးခေါင်း

cap

68   ကိုယ်ခန္ဓာ - cos

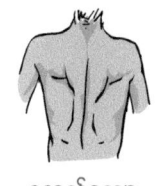

နောက်ကျော

esquena

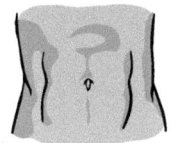

ဗိုက်

panxa

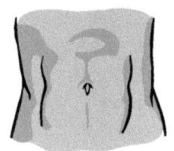

ချက်

melic

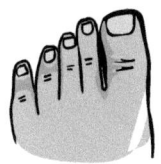

ခြေချောင်း

dit gros del peu

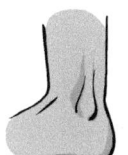

ဖနောင့်

taló

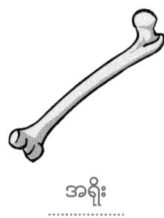

အရိုး

os

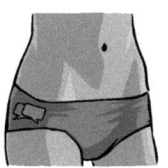

တင်ရိုး

maluc

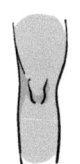

ဒူးခေါင်း

genoll

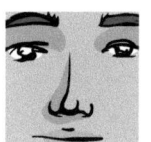

တံတောင်ဆစ်

colze

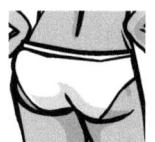

နှာခေါင်း

nas

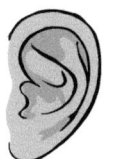

တင်ပါး

cul

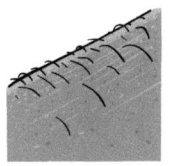

အရေပြား

pell

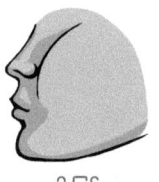

ပါးပြင်

galta

နား

orella

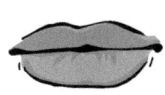

နှုတ်ခမ်း

llavi

ပါးစပ်

boca

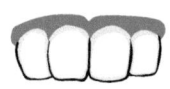

သွား

dent

လျှာ

llengua

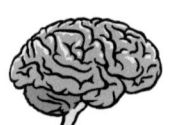

ဦးနှောက်

cervell

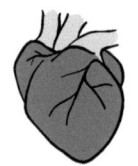

နှလုံး

cor

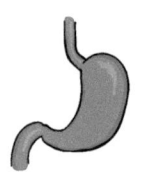

ကြွက်သား

múscul

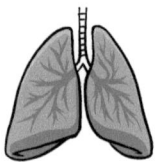

အဆုတ်

pulmó

အသည်း

fetge

အစာအိမ်

estómac

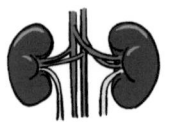

ကျောက်ကပ်များ

ronyó

လိင်

relació sexual

ကွန်ဒုံး

preservatiu

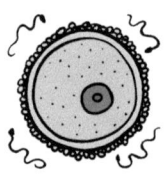

သားဥ

ovari

သုတ်ရည်

semen

ကိုယ်ဝန်

prenyat

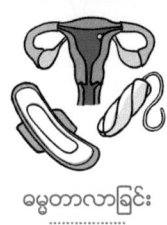

ဓမ္မတာလာခြင်း

menstruació

မိန်းမကိုယ်

vagina

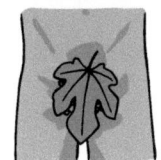

လိင်တံ

penis

မျက်ခုံး

cella

ဆံပင်

cabells

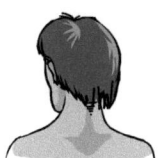

လည်ပင်း

coll

ဆေးရုံ
hospital

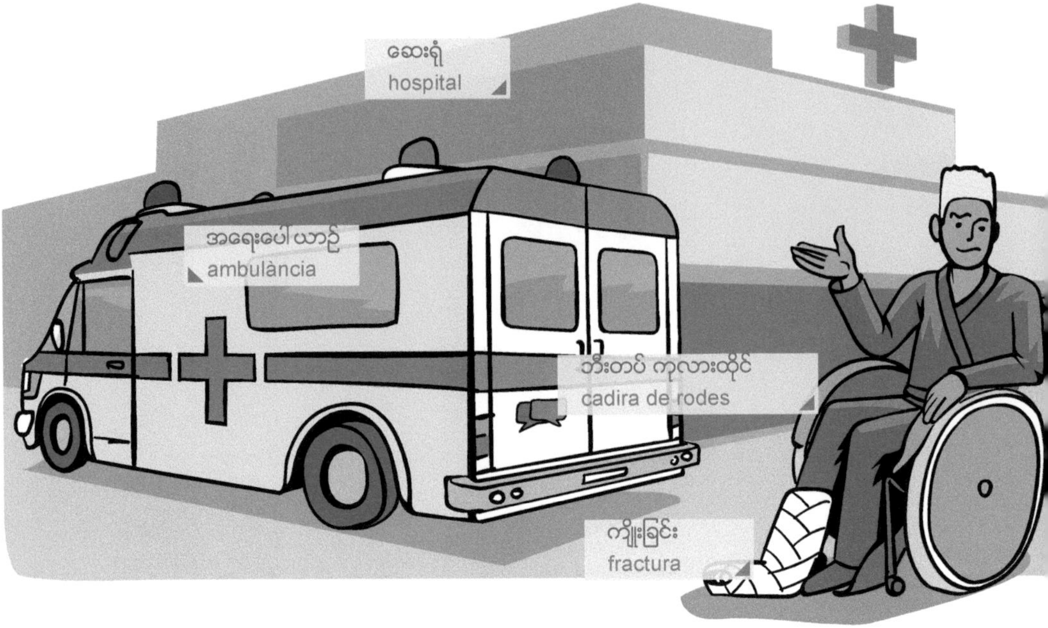

ဆေးရုံ
hospital
အရေးပေါ်ယာဉ်
ambulància
ဘီးတပ် ကုလားထိုင်
cadira de rodes
ကျိုးခြင်း
fractura

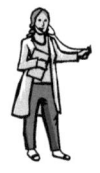

ဆရာဝန်

doctora

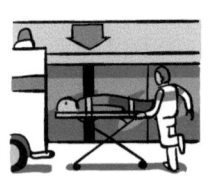

အရေးပေါ် ဆေးကုသခန်း

sala d'urgències

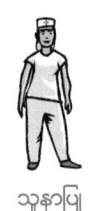

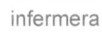

သူနာပြု

infermera

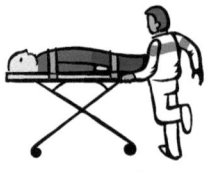

အရေးပေါ်

urgència

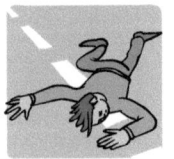

သတိလစ်ခြင်း

inconscient

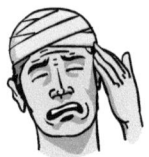

နာခြင်း

dolor

ဒဏ်ရာ

ferida

သွေးယိုထွက်ခြင်း

sagnament

နှလုံးရပ်ခြင်း

atac de cor.

လေဖြတ်ခြင်း

apoplexia

ဓာတ်မတည့်ခြင်း

al·lèrgia

ချောင်းဆိုးခြင်း

tos

အဖျား

febre

တုတ်ကွေးရောဂါ

gripa

ဝမ်းပျက်ဝမ်းလျှောခြင်း

diarrea

ခေါင်းကိုက်ခြင်း

mal de cap

ကင်ဆာရောဂါ

càncer

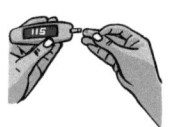

ဆီးချိုရောဂါ

diabetis

ခွဲစိတ်ဆရာဝန်

cirurgià

ခွဲစိတ်ခန်းသုံးဓါးပါး

escalpel

ခွဲစိတ်ခြင်း

operació

စီတီ

tomografia computada (TC), TAC

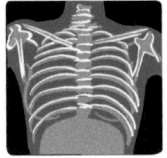

ဓာတ်မှန်

raigs x

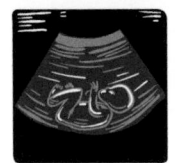

အာထရာဆောင်း

ultrasò

မျက်နှာဖုံး

mascareta

ရောဂါ

malaltia

စောင့်ဆိုင်းရန် အခန်း

sala d'espera

ချိုင်းထောက်

crossa

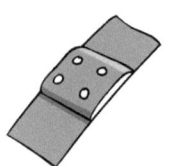

ပလာစတာ

tireta

ပတ်တီး

embenat

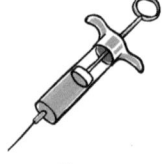

ထိုးဆေး

injecció

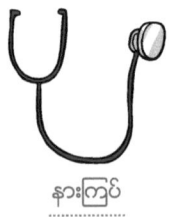

နားကြပ်

estetoscopi

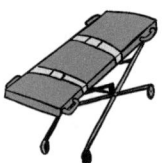

လူနာတင်ထမ်းစင်

llitera

ကျသရေးပိုင်းသုံး
အပူချိန်တိုင်းသာမိုမီတာ

termòmetre clínic

မွေးဖွားခြင်း

pariment

အဝလွန်ခြင်း

sobrepès

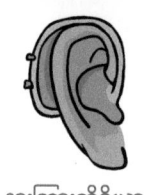

နားကြားကိရိယာ

aparell auditiu

ပိုးသတ်ဆေး

desinfectant

ရောဂါကူးစက်ခြင်း

infecció

ဗိုင်းရပ်စ်ပိုး

virus

အိတ်ချ်အိုင်ဗွီ /
အေအိုင်ဒီအက်စ်

VIH / SIDA

ဆေးဝါး

medicina

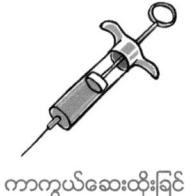

ကာကွယ်ဆေးထိုးခြင်း

vaccí

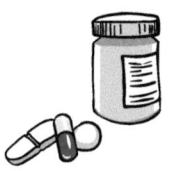

ဆေးလုံးများ

comprimits

ဆေးလုံး

píl·lola

အရေးပေါ် ဖုန်းခေါ် ဆိုမှု

trucada d'urgència

သွေးဖိအား စောင့်ကြည့်သည့်
ကိရိယာ

tensiòmetre

နာမကျန်းသော / ကျန်းမာသော

malalt / sà

ကူညီကြပါ။

Socors!

ရိုက်နက်သည်

assalt

အရေးပေါ် ခေါင်းလောင်း

alarma

တိုက်ခိုက်သည်

atac

အန္တရာယ်

perill

အရေးပေါ်ထွက်ပေါက်

sortida-eixida d'urgència

မီး။

Foc!

မီးသတ်ဘူး

extintor

မတော်တဆဖြစ်ရပ်

accident

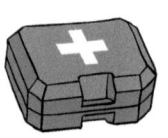

ကြက်ခြေနီ ဆေးပုံး

farmaciola de primers
auxilis

အက်စ်အိုအက်စ်

SOS

ရဲ

policia

ဥရောပတိုက်

Europa

မြောက်အမေရိကတိုက်

Amèrica del Nord

တောင်အမေရိကတိုက်

Amèrica del Sud

အာဖရိကတိုက်

Àfrica

အာရှတိုက်

Àsia

သြစတြေးလျတိုက်

Austràlia

အတ္တလန္တိတ် သမုဒ္ဒရာ

Atlàntic

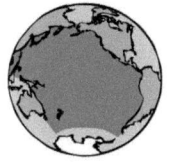

ပစိဖိတ် သမုဒ္ဒရာ

Pacífic

အိန္ဒိယ သမုဒ္ဒရာ

Oceà Índic

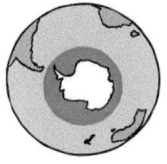

အန္တာတိတ် သမုဒ္ဒရာ

Oceà Antàrtic

အာတိတ် သမုဒ္ဒရာ

Oceà Àrtic

မြောက်ဝင်ရိုးစွန်း

pol nord

တောင်ဝင်ရိုးစွန်း
....
pol sud

အန္တာတိကတိုက်
....
Antàrtida

ကမ္ဘာမြေကြီး
....
terra

ကုန်းမြေ
....
país

ပင်လယ်
....
mar

ကျွန်း
....
illa

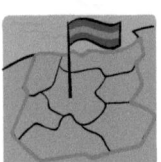

နိုင်ငံကူးလက်မှတ်
....
nació

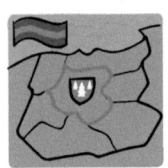

ပြည်နယ်
....
estat

78

ကမ္ဘာမြေကြီး - terra

နာရီ
rellotge

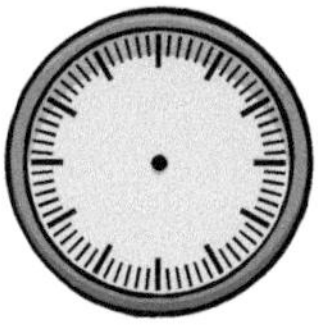

နာရီမျက်နှာပြင်

quadrant

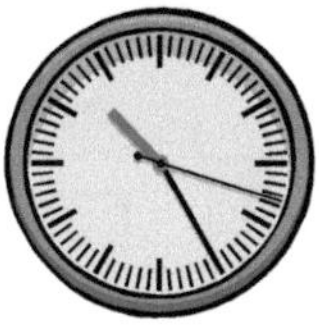

နာရီလက်တံ

agulla de les hores

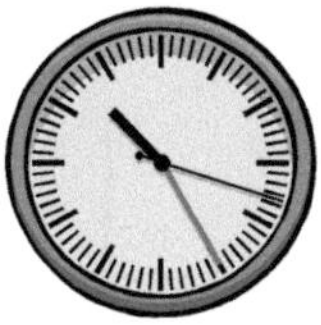

မိနစ်လက်တံ

agulla dels minuts

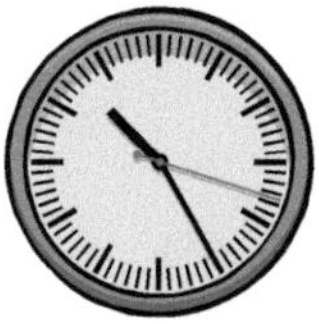

ဒုတိယလက်တံ

agulla dels segons

ဘယ်အချိန်ရှိပြီလဲ။

Quina hora és?

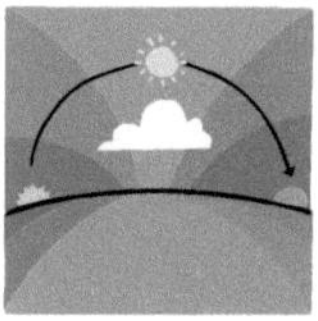

ရက်

dia

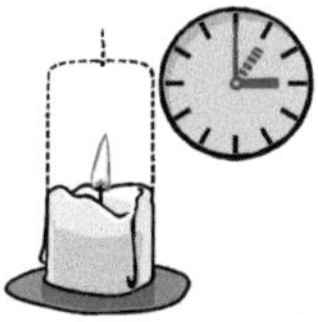

အချိန်

temps

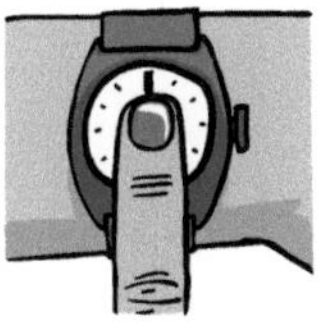

ယခု

ara

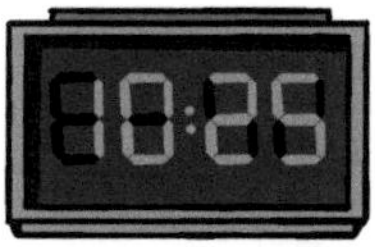

ဒစ်ဂျစ်တယ် လက်ပတ်နာရီ

rellotge digital

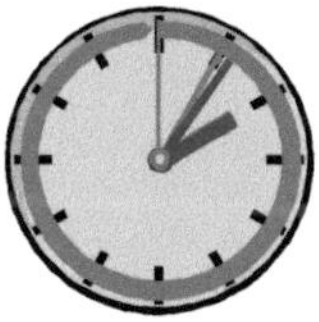

မိနစ်

minut

နာရီ

hora

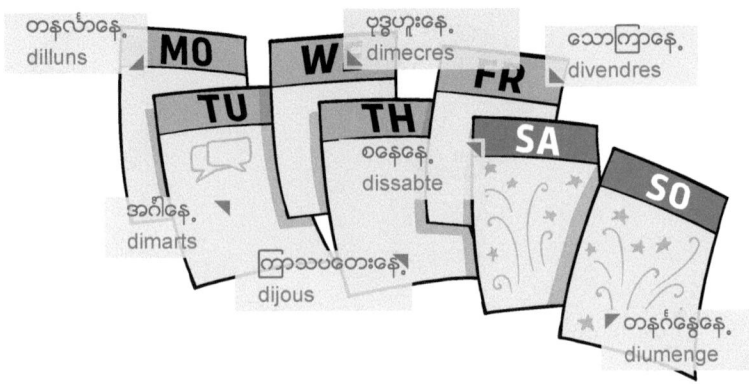

တနင်္လာနေ့
dilluns

ဗုဒ္ဓဟူးနေ့
dimecres

သောကြာနေ့
divendres

အင်္ဂါနေ့
dimarts

စနေနေ့
dissabte

ကြာသပတေးနေ့
dijous

တနင်္ဂနွေနေ့
diumenge

မနေ့က

ahir

ယနေ့

avui

မနက်ဖြန်

demà

မနက်

matí

နေ့လည်

migdia

ညနေ

tarda

MO	TU	WE	TH	FR	SA	SU
1	2	3	4	5	6	7
8	9	10	11	12	13	14
15	16	17	18	19	20	21
22	23	24	25	26	27	28
29	30	31	1	2	3	4

အလုပ်လုပ်ရက်များ

dia feiner

MO	TU	WE	TH	FR	SA	SU
1	2	3	4	5	6	7
8	9	10	11	12	13	14
15	16	17	18	19	20	21
22	23	24	25	26	27	28
29	30	31	1	2	3	4

စနေ တနင်္ဂနွေ အားလပ်ရက်

cap de setmana

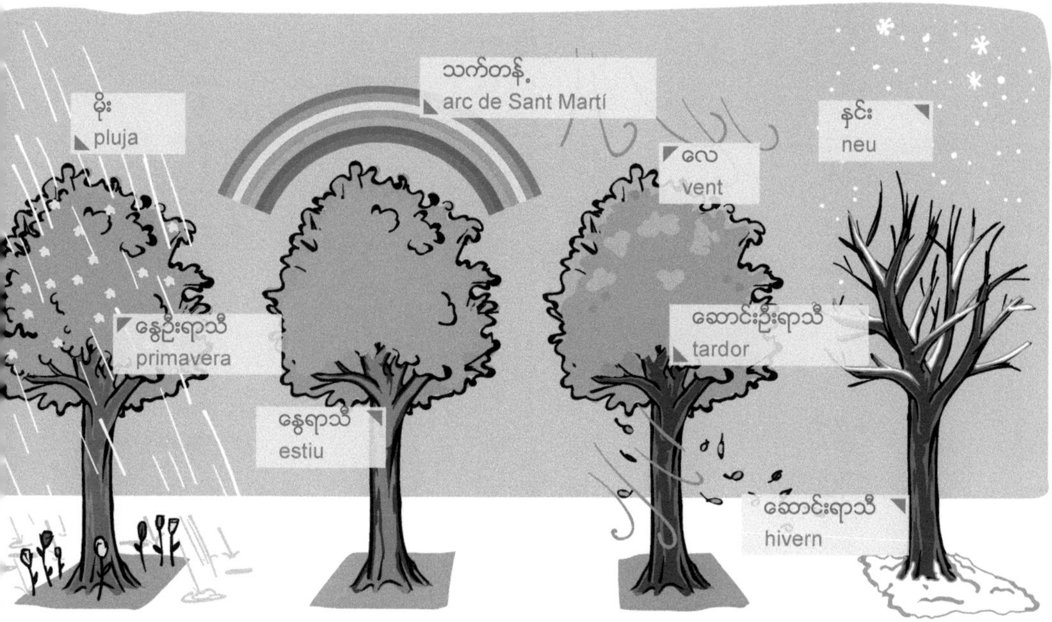

မိုး
pluja
သက်တန့်
arc de Sant Martí
နှင်း
neu
လေ
vent
နွေဦးရာသီ
primavera
ဆောင်းဦးရာသီ
tardor
နွေရာသီ
estiu
ဆောင်းရာသီ
hivern

4.APRIL 11°
5.APRIL 4°
6.APRIL 13°
7.APRIL 8°
8.APRIL 10°

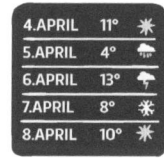

လေဝသ ကြိုတင်ခန့်မှန်းချက်

pronòstic del temps

F C
120 40
90 30
60 20
30 10
0 0
-30 -10
-20

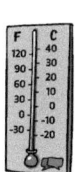

အပူချိန်တိုင်း ကိရိယာ

termòmetre

နေရောင်ခြည်

llum del sol

တိမ်

núvol

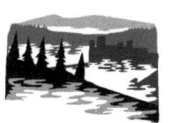

မြူ

boira

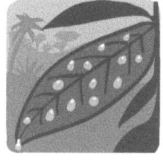

စိုထိုင်းဆ

humiditat de l'aire

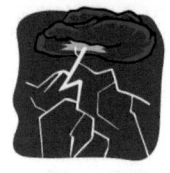

လျှပ်စီးလက်ခြင်း

llamp

မိုးကြိုး

tro

မုန်တိုင်း

tempesta

မိုးသီး

calamarsa

မိုးရာသီ

monsó

ရေကြီးခြင်း

inundació

ရေခဲ

gel

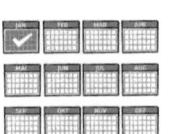

ဇန္နဝါရီလ

gener

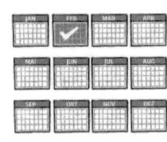

ဖေဖော်ဝါရီလ

febrer

မတ်လ

març

ဧပြီလ

abril

မေလ

maig

ဇွန်လ

juny

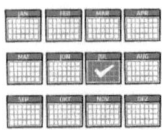

ဇူလိုင်လ

juliol

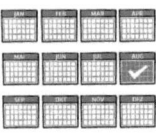

သြဂုတ်လ

agost

နှစ် - any

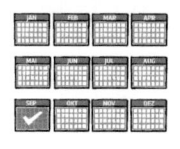

စက်တင်ဘာလ
....
setembre

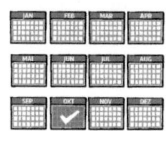

အောက်တိုဘာလ
....
octubre

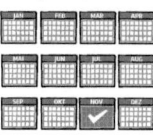

နိုဝင်ဘာလ
....
novembre

ဒီဇင်ဘာလ
....
desembre

ပုံစံများ
formes

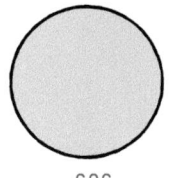

စက်ဝိုင်း
....
cercle

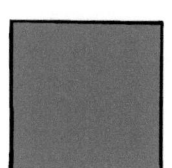

စတုရန်း
....
quadrat

ထောင့်မှန်စတုဂံ
....
rectangle

တြိဂံ
....
triangle

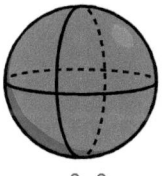

စက်ဝန်း
....
esfera

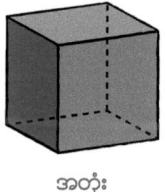

အတုံး
....
cub

အဖြူရောင်

blanc

အဝါရောင်

groc

လိမ္မော်ရောင်

taronja

ပန်းရောင်

rosa

အနီရောင်

vermell

ခရမ်းရောင်

lila

အပြာရောင်

blau

အစိမ်းရောင်

verd

အညိုရောင်

marró

မီးခိုးရောင်

gris

အနက်ရောင်

negre

အများအပြား / အနည်းငယ်

molt / poc

စိတ်ဆိုးသော /
စိတ်တည်ငြိမ်သော

emprenyat / tranquil

လှပသော / ရုပ်ဆိုးသော

bonic / lleig

အစ / အဆုံး

començament / fi

အကြီးသော / အငယ်

gran / petit

တောက်ပသော / မှောင်မဲသော

clar / fosc

ညီအစ်ကို / ညီအစ်မ

germà / germana

သန့်ရှင်းသော / ညစ်ပတ်သော

net / brut

ပြည့်စုံသော / မပြည့်စုံသော

complet / incomplet

နေ့ / ည

dia / nit

သေသော / ရှင်သော

mort / viu

ကျယ်သော / ကျဉ်းသော

ample / estret

စားသုံးနိုင်သော /
မစားသုံးနိုင်သော

comestible / immenjable

စိတ်ယှဉ်တ်သော / ကြင်နာသော

dolent / amable

စိတ်လှုပ်ရှားဖွယ် / ပျင်းရိဖွယ်

entusiasmat / entediat

ဝသော / ပိန်သော

gros / prim

ပထမ / နောက်ဆုံးပိတ်

primer / darrer

မိတ်ဆွေ / ရန်သူ

amic / enemic

အပြည့် / ဘာမှမရှိ

ple / buit

မာသော / ပျော့သော

dur / tou

လေးလံသော / ပေါ့ပါးသော

pesant / lleuger

ဆာလောင်သော / ရေဆာသော

gana / set

နာမကျန်းသော / ကျန်းမာသော

malalt / sà

တရားမဝင်သော /
တရားဝင်သော

il·legal / legal

ဉာဏ်ကောင်းသော /
ထိုင်းသော

intel·ligent / ximple

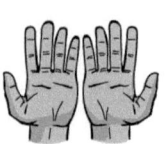

ဘယ် / ညာ

esquerra / dreta

နီးသော / ဝေးသော

prop / llunyà

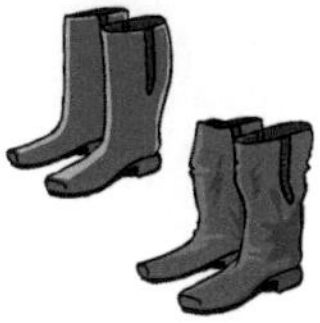

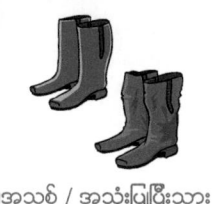

အသစ် / အသုံးပြုပြီးသား

nou / usat

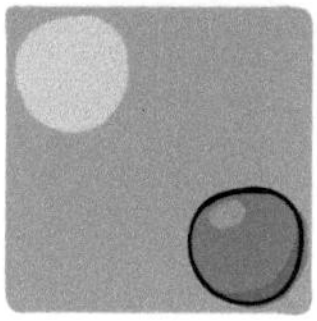

ဘာမှမရှိ / တစ်ခုခု

res / quelcom

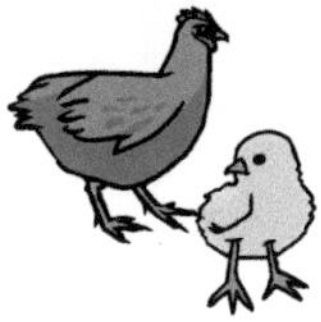

အသက်ကြီးသော / ငယ်ရွယ်သော

vell / jove

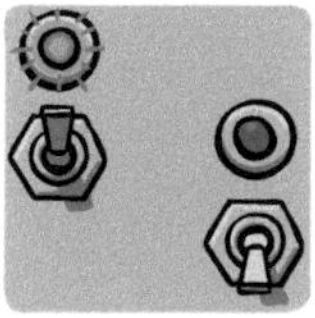

ဖွင့်သော / ပိတ်သော

encès / apagat

ဖွင့်သော / ပိတ်သော

obert / tancat

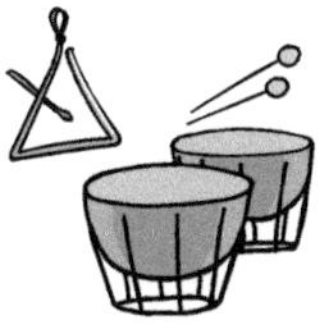

တိတ်ဆိတ် / ကျယ်လောင်

silenciós / sorollós

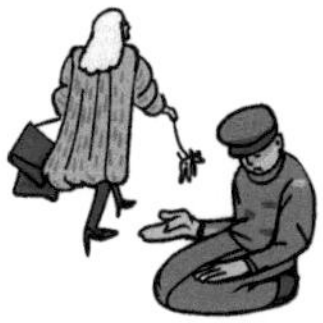

ချမ်းသာ / ဆင်းရဲ

ric / pobre

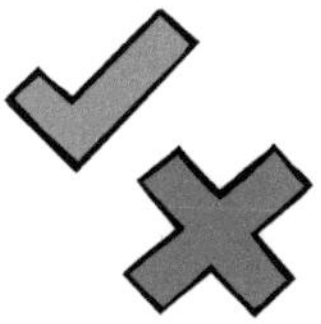

အမှန် / အမှား

correcte / incorrecte

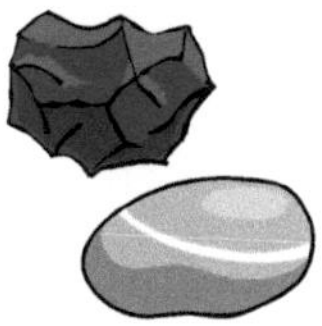

ကြမ်းတမ်း / ချောမွေ့

aspre / suau

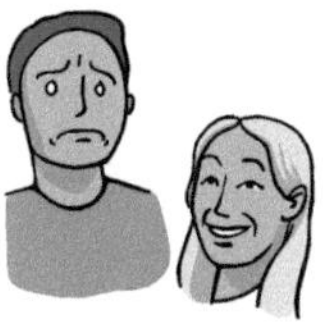

ဝမ်းနည်း / ဝမ်းသာ

trist / content

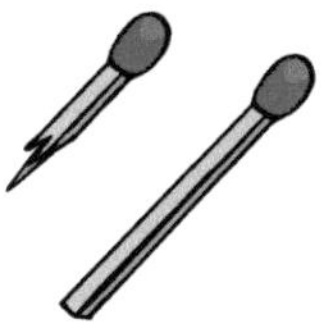

အတို / အရှည်

curt / llarg

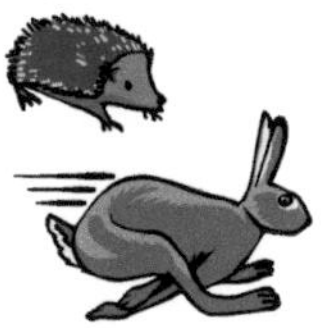

အနှေး / အမြန်

lent / ràpid

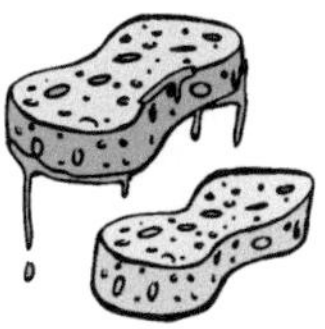

်သော / ခြောက်သွေ့သော

humit / sec - eixut

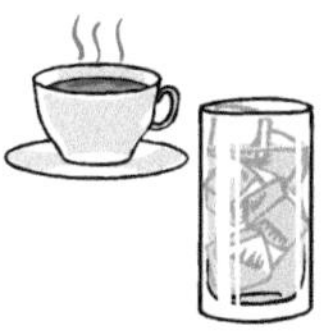

နွေးထွေးသော / အေးမြသော

calent / fred

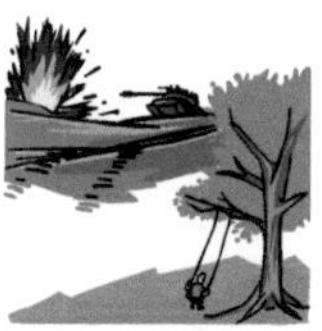

စစ် / ငြိမ်းချမ်းရေး

guerra / pau

နံပါတ်များ

nombres

0	1	2
သုည	တစ်	နှစ်
zero	u	dos

3	4	5
သုံး	လေး	ငါး
tres	quatre	cinc

6	7	8
ခြောက်	ခုနစ်	ရှစ်
sis	set	vuit

9	10	11
ကိုး	တစ်ဆယ်	ဆယ့်တစ်
nou	deu	onze

12
ဆယ့်နှစ်
dotze

13
ဆယ့်သုံး
tretze

14
ဆယ့်လေး
catorze

15
ဆယ့်ငါး
quinze

16
ဆယ့်ခြောက်
setze

17
ဆယ့်ခုနစ်
disset

18
ဆယ့်ရှစ်
divuit

19
ဆယ့်ကိုး
dinou

20
နှစ်ဆယ်
vint

100
ရာ
cent

1.000
ထောင်
mil

1.000.000
မီလျံ
milió

llengües

အင်္ဂလိပ် ဘာသာစကား
anglès

အမေရိကန် အင်္ဂလိပ်
ဘာသာစကား
anglès americà

တရုတ် မန်ဒရင်း ဘာသာစကား
xinès mandarí

ဟိန္ဒူ ဘာသာစကား
hindi

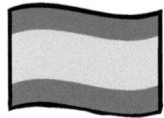

စပိန် ဘာသာစကား
espanyol

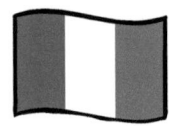

ပြင်သစ် ဘာသာစကား
francès

အာရာဗီ ဘာသာစကား
àrab

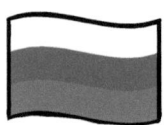

ရုရှ ဘာသာစကား
rus

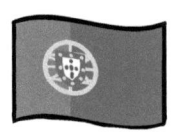

ပေါ်တူဂီ ဘာသာစကား
portuguès

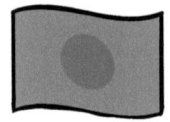

ဘင်္ဂါလီ ဘာသာစကား
bengalí

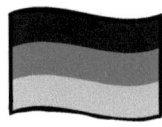

ဂျာမန် ဘာသာစကား
alemany

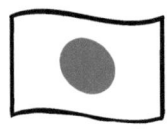

ဂျပန် ဘာသာစကား
japonès